中国书籍学术之光文库

道德有效性问题研究

任 辉 | 著

图书在版编目（CIP）数据

道德有效性问题研究/任辉著. - - 北京：中国书籍出版社，2020.11

ISBN 978－7－5068－8137－1

Ⅰ.①道… Ⅱ.①任… Ⅲ.①道德－研究 Ⅳ.①B82

中国版本图书馆 CIP 数据核字（2020）第 230232 号

道德有效性问题研究

任 辉 著

责任编辑	毕 磊
责任印制	孙马飞 马 芝
封面设计	中联华文
出版发行	中国书籍出版社
地 址	北京市丰台区三路居路 97 号（邮编：100073）
电 话	（010）52257143（总编室） （010）52257140（发行部）
电子邮箱	eo@chinabp.com.cn
经 销	全国新华书店
印 刷	三河市华东印刷有限公司
开 本	710 毫米 × 1000 毫米 1/16
字 数	241 千字
印 张	16
版 次	2020 年 11 月第 1 版 2020 年 11 月第 1 次印刷
书 号	ISBN 978－7－5068－8137－1
定 价	95.00 元

版权所有 翻印必究

目 录
CONTENTS

导 论 ……………………………………………………………… 1

第一章 世界整体意识形态的自然演进与物权的杠杆作用原理 … 9
  一、意识形态的概念内涵和历史演化 10
  二、物权的拥有性质与社会组织结构、意识形态间的关系 15
  三、物权程序正当化对于中国当代社会主义道德体系建设的
      意义 27

第二章 "道德金律"问题与理性主义关系辩证………………… 30
  一、关于"第一道德律"的伦理逻辑困境 31
  二、"权利的界限"与"道德金律"的辩证关系 34
  三、人类理性在"道德金律"中的意义 39
  四、结语 43

第三章 社会结构和道德实践以及道德有效性关系辨析………… 44
  一、道德准则和道德有效性 44

1

二、社会结构关系和道德类型的划分　53

三、结语　62

第四章　试论社会结构有序性和道德有效性的关系问题
——中国古代社会组织结构和社会伦理结构的基本关系及其特征 …………63

一、中国古代社会结构和伦理原则基本关系特征　64

二、"社会组织结构"的有序性与道德有效性间因果关系　69

三、历史文化的伦理学学理意义　76

第五章　物权与社会道德心理的杠杆关系原理 …………80

一、物权的逻辑内涵与理论正义　81

二、物权的历时性追踪与共时性特性　86

三、物权与社会道德心理间的隐在关系　91

四、结语　94

第六章　古代物权结构形式和社会道德心理的因果关系 …………96

一、物权的渊源和历史文化意义　96

二、中国古代儒家的社会结构的设想、道德理想与物权结构形式之关联　102

三、中国古代的物权结构与社会道德心理间关系辨析　104

四、影响道德心理和道德结构的必要条件和物权程序程序化的现实意义　109

第七章 墨子、孟子与荀子道德理想的现实适用性之历史文化比较 …… 116

一、社会组织结构与道德的对应关系 117

二、墨子的政治主张与道德理想再辨析 122

三、孟子、荀子的政治主张和道德理想之历史适应性比较 125

四、历史文化的集体选择性质以及历史延续性及其现实意义 132

第八章 《三国演义》《水浒传》与儒家伦理的双轨型阐释结构 …… 137

一、儒家伦理的多重释义与道德实践的历史悖论 138

二、古代社会组织机制的间歇性失序与儒家伦理的两难性阐释的历史文化根源以及在明清名著中的显现 145

三、明清名著中"忠孝礼义"的伦理渊源和儒家伦理的工具性命运 151

四、结语 156

第九章 终极伦理准则的缺失造就的道德实践的事实差异及其历史文化根源 …… 160

一、《水浒传》的文化精神特质："聚义厅"与"忠义堂"之间的距离 160

二、"聚义厅"与"忠义堂"之间的悖论：道德扩张度 165

三、"道德审美"——从《边城》和沈从文的自然哲学观看中国近现代道德形态 171

四、沈从文深切的人文情怀和"自然""无为"观 181

五、艺术意识形态的审美特质和道德法理　187

第十章　儒家伦理的世俗性与鲁南丧葬文化　……………… 190
　　一、鲁南丧葬文化中的道德哲学　191
　　二、儒法治世思想在鲁南丧葬文化中的逻辑阐释　203
　　三、鲁南丧葬文化中的道德哲学——在道德观与财产权之间　212

第十一章　附加语：中国传统儒家文化在近现代的境遇　……… 219
　　一、近现代中国社会对传统文化的批判——反思与再实践　221
　　二、有关中国传统文化在新时期再定位的探索历程　235
　　三、中国传统文化在全球化的进程中的新使命　242

参考文献　……………………………………………………… 247

导 论

　　人类社会的文明与进步是一个自然发展的历程。其间,"文明"与"发展"是一个内蕴丰富的概念。这个过程错综复杂,但是基本上还是以马克思主义的"生产力"与"生产关系","经济基础"和"上层建筑"之间的关系为内核,但是其内在关系和运作要远为复杂得多。比如意识形态、社会组织结构、社会历史文化和道德准则及其类型等等,就是犬牙交错的,很难综合为一的两种模式。作为经济基础的"生产力"和自然环境之间的关系,以及它们构成的要素与社会文化之间的关系,也是摆在人们面前难以厘清的理论障碍。

　　抛去外在因素,作为已经形成的社会关系来说,一个社会样态的意识形态和其社会组织机制、伦理准则规范是最为紧密相关的,形成互为因果的系统性链条。

　　人的理性、智性在社会文明历史的发展中占据决定性的主导作用。而作为动力因素的人们的利益、利害关系的计较,扮演着撬动历史进步的杠杆的角色。这就是恩格斯所说的"贪欲是文明时代从它存在的第一日起直至今日的动力;财富……是文明时代唯一的、具有决定意义的目的"。①

人们的利益关系意味着意识形态的性质，而维系和调整这样的关系的道德准则，能充分反映社会意识形态发展的状况和发展轨迹，也能从这个入口俯瞰整个上层建筑的形态和运转情形。作为意识形态的上层建筑来说，居于核心地位之一的就是其道德系统。它既是维系社会族群秩序的保证，也在某种程度上反映了其意识形态以及对应的社会组织结构的性质。

人类整体的意识形态可以解析为"世界性整体意识形态"和国家分体式"单体意识形态"，以及单体意识形态的定位问题。与人类整体意识形态最相关的是人类的理性程度和自然演进进程。这个过程又可以分为两大阶段：自然演进和理性干预。而理性干预又可分为两个阶段：基督教近代社会开始的强势输入干预阶段和20世纪中后期开始的"后现代时期"——理性成熟阶段。此时人类理性掌控功能基本处于能够自觉自用状态。作为一种衡量、检测的标尺，对意识形态做这样的界定是很有理论意义。作为检测和衡量意识形态的发展状况标尺的是"自由"和"权利"观念。依据马克思的经典论述，人类历史就是求取全面自由的历史，特别是自然人争取"社会人"的权利平等、义务对等的发展史，这也是整体意识形态的核心内容，还是衡量一个单体意识形态在人类文明史中是否符合历史发展规律和方向的最关键的标准。

推进意识形态前行的动力是人的理性、社会关系和人的物质要求等复合要素综合在一起，联合造就的。而核心要素则是人的理性精神、道德进步和物质欲望。其中，道德状况又是反映其他要素的

---

① 马克思恩格斯选集（第4卷）[M]．北京：人民出版社，1972：173.

镜鉴。

在"社会政治学—社会伦理学"学科关系中存在着这样一个线性结构的链条:"意识形态—伦理准则—社会组织结构—道德实践—道德有效度。"其中"意识形态—伦理准则—道德实践—道德有效性"是上下游的直接关系,其内在的逻辑关系是:国家意识形态决定了一个社会的伦理准则、道德规范的性质,此二者构成一个精神、价值亚系统;道德实践是对前者的实施和验证,但与道德规范并非总是同步的。

这个链条中处于桥梁中段、起着实际支撑作用的是一种基于"社会组织结构"基础之上的社会价值观念:权利与义务之间的关系。具体体现是道德主体的社会角色、身份地位和他所能掌握的财产的拥有、支配程度:这就是"社会组织结构的有序性",即当一个社会群体的各道德主体的责、权、利基本处于对等、平衡状态时,这个社会组织结构也基本同步处于有序性情形;反之,就会失衡、失序。而社会组织的有序性会直接导致一个社会伦理的有效性、有效程度。道德主体的责、权、利集中体现在其劳动力的支配意志及其对应的财产权拥有程度。

线性链条末端的"道德有效度"既反映了最前端的社会意识形态以及价值系统的历史意义,也能充分反映一个社会的成员生存状态、生活状况。所以,社会组织结构和它的有序性、有效性及其程度,取决于社会成员、道德主体的社会角色和地位及其历史合理性,因为它也造就了社会成员基于这样的社会组织结构的某种社会心理和社会观念、伦理价值,并最终决定了道德规则的有效性、有效程度。而道德规范在道德实践之中是否具有其必要的权威性、有效性以及有效程度如何，主要在于其社会样态及其历史文化成因。

所以，社会意识形态中的道德准则在道德实践中呈现出不同的效应，即道德主体对于道德义务的认识在不同的环境和氛围中呈现出差异性，既可能是道德状况呈现始终一致的情形，也可能会导致道德失范或者社会结构失序的状况。也就是说，道德规范在具体实践中是不确定的，有一定的适用范围，或者说存在一定的"效力"或"有效度"。一般来说有两种情形：一是静态固化状态的，始终处于不稳固状态；一是动态的，随着人的理性发展程度同步发展嬗变。这样不同的伦理实践状况与社会样态、历史文化和上层建筑的性质等因素紧密相关。

道德规范在实践中最可靠的保障就是道德自律，道德理想就是"第一道德律"，即"道德金律"。道德金律的意义不仅仅在于理论和学科价值，还在于实践意义：作为一种尺度，衡量社会文明发展程度。道德自律源于精神信仰，和历史文化息息相关。人的理性使得道德准则具有趋同性。从历史文化的发展轨迹考察，基本上是沿着世俗化的方向前行。但是这种世俗化是以人的理性作为约束的，含有一定的宗教信仰因素在其中，而不是以"自我"为中心的完全物质性的世俗化。这二者价值观念的性质完全不同。其分水岭就是"精神—物质"，也就是马克思所说的"精神—实践"的道德实践情形。

以精神意识来区分一个社会的主导伦理原则可以划分为宗教原则、世俗原则和理性原则。世俗性道德准则有几个特征：①最高伦理准则和道德实践往往是脱节的，伦理准则仅仅具有象征作用和意义，真正起到社会规范和调节作用的是基本规则：模拟性"最高规则"和类似于乡规民约的而又在各个社会单元里普遍存在又相对独立的"隐在规则";②世俗道德原则的随机性、本能性、趋利性、唯我性和不稳定性结构。从不同性质的伦理原则可以上则追溯到各自的历史文化背景，下则可以判定伦理规则的有效程度及其因由，以资作为对比和借鉴。

中国古代社会的道德规范、道德实践、价值体系及其稳定性建立在中国古代的儒家社会构想："君君臣臣父父子子"之上的具有统属关系、所有制性质的等级制社会结构及其与之相适应的国家体制和宗法制度，以及这样的制度和系统的运转的有序性。"纲常"网状结构设定的是"君—臣"纵向阶梯式等级结构，各自的责、权、利具有上下统属的性质，是一种明确且又是严格的所有制关系，其所具有的隶属范围直至扩展到人身依附。由于中段的社会组织结构由于物权的外在性质而始终处于不稳定状态，它是"自变量"，使得作为"因变量"的"道德规范"和"道德实践"也同步处于摇摆中。所以，前述"模拟性最高规则"只具有象征意义，实际功能仅仅存在于"隐在规则"，这是世俗伦理极为重要的内在特征。

历史文化的渊源在于中国古代所特有的历史文化和地理、气候环境。产生于远古时代的中国古代道德体系与伦理规范模式是与其特定的历史文化背景、地理经济条件和社会组织结构相对应的。做这样的定位很重要，因为中国古代伦理对于此后的社会发展具有特别的线性规范性制约作用，对此后的社会文化运行也产生了深远的决定性的影响。道德伦理的发生学研究可以显示古代人们的生存环境状况和生存状态。中国古代伦理适应于中国古代社会结构和生存模式。庞大族群生存的保障取决于是否能适应这样的人文地理环境，古人由此而在不断的试错中构建了相对应的伦理规则的基本内容，并在春秋战国时期的百家争鸣中予以充分显现，最终证明了儒家伦理的无可争辩的内在适应性。所以是中国古代的自然环境造就了中国古代文化内容和质地。某一种道德结构是和一定的社会结构组织相对应的，是与社会组织结构同步建构的，所以也和特定的历史文化大背景相关。中国古代儒家社会理想观念所据之而建构的社会组织结构具有高度集约化的特征，道德规范内质也是同构同序的，历史显示了其巨大的顽强的生命耐久力。所以在世俗性社会伦理构成中，道德内涵有一定的通约性，在道德实践中更有某种程度的近似性：那就是物质性的生存至上原则优先，所有的社会结构秩序必须服务于此，也必然以此为最终归宿，而社会价值伦理系统也必然与之相匹配。

精神品格的道德意志可以进而延伸为精神境界。在道德"善行"的基础上，能够于日常行为中在心理世界连续延伸，进而升华为一种精神境界，是为"精神凝集"。这个精神内化现象也符合马斯洛人本主义心理学的"自我实现需要"的理论。所以，道德精神现象也可以纳入审美领域，亦即"道德审美"。

道德可以延伸至"精神—审美"领域，渊源和途径是道德意志源于人的思维和人的情感，精神也同样根源于思维和情感，都是人的心理功能复合作用的结果。这样，艺术可以作为审美客体，同样，人的道德品行也可以作为审美客体。或者说，艺术之中的"思想性"就在于人的道德性。

同样，人类知识的源泉也是人们对客观世界的认识，也同样包含着人的精神意义。人们的哲学思考是理性的强化和升华，哲学对于人的生命价值的深度思考的一个重要结果是人的自身价值的归宿，那就是人的生命意义。对于这个命题的思考所得出的结论就是人在其群体之中的成就感。其心理功能就在于"成就感"——这样一种特殊的"精神享受"和"精神感受"。它所导致的其中一个重要结果就是知识分子的社会责任感和使命感。

知识是人的理性的其中一个结果，理性的另外一个结果就是"移情"。即高度"通感"的"移情"："审美移情"和"道德移情"，其实二者都是精神移情。

所以，只要保障人的充分理性，既可以取得精神领域的境界品性，自然也能充分保障道德理想和道德实践的圆满性和有效性。当然，这也是一个历史文化的艰难的自然发展过程。

研究上述多种上层建筑和经济基础间关系需要多种学科方法，很难能从单一角度来辨析整个社会意识形态和社会组织机制的性质和运行轨迹。所以要从社会政治学、社会心理学入手进而联结其与伦理学的对应关系，以及二者之间的因果关系，推理出社会结构的有序、高效、均衡性和伦理规则的正义性、道德实践的有效性之间的规律性关系。从学术史角度来说，这个论域本就涉及哲学、政治学、社会学、伦理学、心理学、宗教学等各种类边缘学科。

但是不管怎么说，无论从哪个角度来研究，都是"人"在作为。人是世界万物的"主体"，人也是自己的目的，而客观世界、客观事物则是"客体"，是作为主体的对象而存在的。这种区分的意义就在于区别任何其他物种的界限，人是宇宙万物的主宰者，这没有疑义。唯一要着重强调的是"谁掌握、谁主宰"和"怎么样掌握、怎么样主宰"是完全不同的两个命题。而人们所产生的模糊的认识就在于模糊了这两者之间的界限和方向。譬如"我是皇帝"和"皇帝是我"就可以产生完全不同的两个认识结果,进而产生两个实践结果:"皇帝是我"强调的是主宰者。而"我是皇帝"则不仅仅是在强调主宰者,更在着重于"如何主宰"这个问题上。

同样,"主客合一"和"人与自然的和谐相处"的命题一样,强调的是"人如何掌握世界","人是目的"着重于"人是主宰者":既是宇宙的主宰者,也是自己的主宰者。如果取消了这个命题,人不仅会成为奴隶,也不会有精神世界的充分发展和享受,道德的圆满性也同样无从谈起。

第一章　世界整体意识形态的自然演进与物权的杠杆作用原理

正如人的行为是受思维、心理和思想的控制一样，人类社会的系统性结构运行也是受特定意识形态控制的。人的思维与行为、人类的社会构成与构造也是与社会意识形态互为因果的关联互造过程。

人类社会的意识形态的进步与成熟是个自然演化过程，在这个过程中，人的心智是主导，物权是先导，人类的不断进化使得物质财富出现剩余，促使婚制进化，于是私有制产生、物权必然随之明确，国家和社会制度建立并不断完善。意识形态的进步与成熟过程中，人的自然本性欲望为主要动力源泉，中世纪之前基本为非理性时期。近代后意识形态逐步成熟，至现代基本的理性状态，意味着人类能够以正义之理性有效控制和校正发展走向。其间物权起到了撬动历史前行的杠杆作用：以物权为核心的权利观建构社会价值体系，又以这样的价值观念推动国家和社会制度的细致化和完善化。在世界纵向的整体意识形态前行的同时，又产生了横向的不同的社会形态以及不同的国家、社会、民族的单体意识形态。单体意识形态以整体意识形态为参照系,参照标准是社会"权利"规则,其中又以"物权"为核心内容。

一、意识形态的概念内涵和历史演化

意识形态,一般说来是一个国家或者社会的整体思想,占有主体地位的主流观念、意识。意识形态作为人类精神的主要凝结形式,为更清晰地表现其逻辑关系,这里暂且划分为作为世界主要精神表现形式的"整体意识形态"和以各个国家、社会、民族、部族等独立存在的单位元素的单独体现的"单体意识形态"——作为单体独立存在却又完全自成系统。单体意识形态与整体意识形态之间的关系大体具有关联性、部分关联性和无关联性三种类型,而且又是动态的:既有历时性发展演化特征,也有共时性的近似性。单体意识形态的性质、道德规范的历史演化,最终要落实在整体意识形态之中做定位分析。衡量和定位的主要内容是意识形态的性质、价值系统、伦理准则,以及道德观念在道德实践之中的权威性、有效性以及有效程度如何,还有就是历史成因。因为意识形态中的主体内容就是"价值系统",价值观念的核心内容则是伦理思想、道德规范。一个国家或者社会群体依据其基本道德观念,决定和造就了与其相适应的社会组织结构和这个社会结构之中每一位成员的社会"权利—义务"关系,并最终以法律的形式予以确认。由此,上层建筑的基本框架得以构筑成功。

"意识形态—价值体系—道德准则—社会组织结构—权利义务关系—道德实践"这个横向链条是具有因果关系的线性结构,它的历

<<< 第一章　世界整体意识形态的自然演进与物权的杠杆作用原理

史建构、完善是一个自然演化、逐步推进的过程,其中的"权利"元素起着基石、桥梁过渡和杠杆的作用。

首先,正如康德在《永久和平论》里所认为的,意识形态的产生、成熟是一个自然演进过程。这个过程包含了三大促进性因素:一是以人类的心智的发达、成熟这个先决条件为主导因素;二是物产、物质财富的剩余并进而演化为私有制、物权为先导,引起婚制的变化、国家的产生、社会制度的建立;三是整个社会群体成员之间利害关系的计较、权衡和妥协形成了某种契约,造就了基本的集体伦理规范。三者合一,最终确立了以社会成员的"权利—义务"关系为主体内容的意识形态,这就是罗尔斯在《正义论》里所不厌其烦地反复强调的社会组织结构和伦理秩序的"原初状态"。从这个发展过程可以得出一个基本结论:意识形态的产生最初就是有两部分构成的——物质财富的归属、所有形式和性质,以及由此带来的社会价值观念。从这个角度出发,摩尔根和恩格斯都给出了令人信服的共同结论。摩尔根在其《古代社会》里指出,自始至终都是由掌握社会财富的富裕阶级控制政府的,于是"创造财产、保护财产,便成为政府的主要目的……"① 甚至"财产力量之强大,从此开始足以影响社会机体的结构"②。恩格斯在《家庭、私有制和国家的起源》一文中认为,也就是由此产生了国家,因为需要有一个机构来确保公民的私有财产,并使得"私有财产神圣化,并宣布这种神圣

---

① [美] 路易斯·亨利·摩尔根. 古代社会 [M]. 杨东莼,马雍,马巨,译. 北京:商务印书馆,1995:335.
② [美] 路易斯·亨利·摩尔根. 古代社会 [M]. 杨东莼,马雍,马巨,译. 北京:商务印书馆,1995:387.

化是整个人类社会的最高目的……"① 这就是"物权"（财产权）在人类文明演化和意识形态的渐进进程中的重要意义和作用。

其次，在封建时代、近现代时期，世界整体意识形态的演进具有"千禧年式"突变过程：罗马时期的"米兰敕令"是一个里程碑，在人类价值观、权利观里初步奠定了人的信仰自由这个思想基石。脱离中世纪进入近代史，开启了人类的整体意识进入"前理性时期"——"18世纪精神"启蒙时代标志着人类理性基本成熟（然而并不完善），因为自由平等的人道意识还有一定程度的脆弱性和不稳定性。在这个过渡期，开新篇的是1688年英国"光荣革命"和其后的《权利法案》的颁布实施，这个历史事件划定、确立的是以"国家制度"和"物权"为重要基础的"政治—社会"的"权利"界限。

1776年颁布的《美国独立宣言》在人类历史上第一次以政治纲领的形式提出了"国家—政治""社会—人生"的总原则：人人生而平等；每个人均具有不可剥夺的生命、自由和追求幸福的权利；政府必须经人民的同意而组成，应为人民幸福和保障人民权利而存在等等。这些原则成为以后美国的意识形态并进而成为"美国精神"，并直接影响了法国大革命以及此后世界人类精神的走向。

随后跟进、几乎是同时的法国大革命和《人权宣言》宣示了天赋人权、自由、平等的原则，打破了封建等级制度，这是启蒙运动必然的胜利果实。其中欧洲大陆近千余年逐步形成的已经深入人心的一些人文理念，诸如自由、财产、安全和反抗压迫是天赋不可剥夺的人权，和言论、信仰、著作和出版自由，以及权力分立、法律

---

① 马克思恩格斯选集：第4卷［M］. 北京：人民出版社，1972：104.

面前人人平等、私有财产神圣不可侵犯等诸多人权伦理原则，至此就确立了法理上的根本性依据。在这里，"权利"就是"保障"。这个"权利"角色和功能作用，就是人类理性的自然发展结晶。理性的自觉自用和自我发展、自我完善和自我修复、自我矫正功能，保证了它自身的可靠性。

但是对人类文明进程产生了重大影响的这些宣言都有个共同特征：思想性及其前提要素均是以利益观念为基础的，也就是所谓的"功利主义"。而具有超功利、超道德的精神彼岸的超验世界和人文关怀的法则，则始于20世纪中后期——缘起于古典哲学时期的"意志自由论"一直迁延至今的"后现代"思想学说，关键内核就是"社会正义论"。

之所以这样说，是因为有洞悉人类基本精神走向的哲学家、思想家已经有意识地在这样的重大事件决策中能够直接参与或者发挥决定性作用，或其新锐思想被直接应用。比如美国国会在1964年通过《1964年民权法案》及《1965年投票权法案》，禁止法律上有任何形式的种族隔离和歧视政策，"吉姆·克劳法"在法律层面上正式走入历史，其法律精神中基本不带有功利目的性。在某种意义上说，此举作为一个有力的例证说明了从启蒙运动到康德、黑格尔等宣称的人类社会"正义观"方进入完全理智化、理性主导的意识形态成熟时代——即使不是作为一个标志，也是一个前驱性的理智行为。而《联合国宪章》蕴含的尊重、平等、合作与和平精神，意味着康德的"永久和平论"有了实现的现实可能，也彰显了人类的文明、理性精神和人类的契约、自由、权利意识进入了一个全新的时期。

比如"有限战争论"（"局部战争论"）等观念也是其中的一个

硕果：从"一战"和"二战"这两个重大历史事件来看，即使人类理性深度、生命价值意识还是很受限、很薄弱的，某种程度上还受到物质利益和民族意气、狭隘民族观念的驱使，也说明"博爱"和"理性"观念意识双重受限，"精神纵向轴"依然在艰难上移。

可以这样表述："二战"后，世界哲学和思想界开启了后现代的思维模式，标志着人类理性的成熟，并且在不断自我完善、自我提升。从这个角度来说，不管是"千禧年式"还是"可臻完善式"历史哲学观念，都有其合理内核和现实依据。

1971年美国哈佛大学教授约翰·罗尔斯的《正义论》的出版和1974年罗伯特·诺齐克撰写的《无政府、国家与乌托邦》又开启了"意识形态—社会组织形态—公平正义"学说新篇章。前者立论是"证实"：效率优先，兼顾公平——不尊重"个人权利"这个社会效率，就不可能有社会公平；后者是"证伪"：效率为主，公平为辅——如果不能保证个人权利，公平就失去了依据而成为空谈。这两位哲学家的学说作为思想的左右两个轮子把自从柏拉图开始深刻思考的人间"正义"问题，到这个时候从根本上做了全面而有效又切合实际的总结：这就是社会人生的价值意义、社会主体的"权利—义务"间关系的构成性质和运转方式，其立论最根本的出发点、也是最终归宿就是人类社会的公平正义。这也意味着康德的"人是目的"这个"哲学—精神—价值"学说有了实践上整体性实施操作和落实的实际可能性——罗尔斯的"差异性原则"不仅是出于功利原因的考量（失去社会公平、正义，也就不可能保障效率），应该正是千余年"博爱"和"人道主义"原则的本质，使得二者从天国实实在在降落到了人间："博爱"和"人道主义"表述的是精神维度，它之所以可能成立的前件是"权利"法则具有完全的可操作性。这才会使得雨果的所谓"绝对正确的革命之上,还有一个绝对正确的人道主义"之说的"革命"和"人道主义"二者割裂的可能性得以消除:"他们知道有关人类社会的一般事实,理解政治事务和经济理论原则,知道社会组织的基础和人的心理学法则……正义观的重要特征之一在于它自己产生对自己的支持,即,它的原则应当是这样:当原则体现在社会的基本结构中时,人们倾向于获得相应的正义感。"①

二、物权的拥有性质与社会组织结构、意识形态间的关系

在世界纵向的整体意识形态前行的同时,又产生了横向的不同的社会形态、社会组织形式,以及相应的不同的国家、社会、民族的单体意识形态。"单体意识形态"为"种概念",它以"世界整体意识形态"这个"属概念"为参照系,参照物即是"权利",而"权利"的各种必要因素中,则又以"物权"为关键的核心内容。毋庸置疑,考察伦理规则应该首先考察意识形态,后者是"属概念",价值系统本身就容纳于意识形态之中。之所以可以划分"世界性整体意识形态"和"单体意识形态",是为方便观察、掌握人类文明整体意识形态的发展、运转情形,以及单体意识形态在其中的定位、关系问题。与人类整体意识形态最相关的是人类的理性程度:人类所有的进步和精神产物,都是以此为根据和出发点的,也是其

---

① [美] 约翰·罗尔斯. 正义论 [M]. 何怀宏, 何包钢, 廖申白, 译. 北京: 中国社会科学出版社, 1988: 137.

标志性产物。"人类的理性程度"演化过程可分为两大阶段：粗放自然进程和理性有意干预。理性干预又可分为两个阶段：文艺复兴之后的启蒙阶段和20世纪中后期开始的"后现代时期"——理性成熟阶段。此时人类意识掌控功能基本处于能够自觉、自为、自用状态：力争使得以"权利—义务"为核心的社会公平、正义观念和以"权利"为核心的人格平等观念成为具有世界意义的价值意识。同时，作为一种衡量、检测的标尺，对意识形态做这样的界定是很有理论意义。在各种社会形态里，以"权利观"为核心的意识形态差异很大：不仅是价值观念、道德准则、道德实践有所不同，而且社会心理、价值标准、精神层次等等，也展现出很大的相异性和不相容性。因此，社会体制、社会组织结构和运转机制自然也各个不同。

关于"社会组织结构"和政治、社会伦理学之间的关系研究，从古至今一直就是显学，既是热门论域，也是一个敏感论题。古希腊首开传统规范伦理学，柏拉图在《理想国》中以"正义论"开篇，首度明确了在社会组织机制中社会伦理规则的基本定位问题。启蒙时期法国卢梭的《社会契约论》在社会政治学和伦理学之间做了一个宣言式评判和"政治—社会组织—社会伦理"结构中的经典结论。康德从另外一个角度以"道德法则的普遍法则"做了总结式论述。黑格尔以其《法哲学原理》在论述"法的精神"之前开宗明义的"物权""财产权"精辟表述，表明了"物权在法律中的地位"这个条件在法律、甚而社会制度等上层建筑之中所具有的决定性意义。并且，黑格尔的伦理学下行至社会实践中所体现的现实意义的学说，和马克思主义理论共同构筑了实践论伦理学的创世纪的革命性转变。以此，廓清"物权—意识形态—社会正义"间的关系甚有

<<< 第一章 世界整体意识形态的自然演进与物权的杠杆作用原理

必要。

首先，权利观、以权利为中心内容的社会公平正义问题是检测意识形态的首要标准，其间存在着"意识形态—权利—物权"这样一个具有种属概念关系的、又是"反向因果关系"的线性结构（此命题笔者已有专文论及）。世界意识形态是以整体性状态并以"千禧年式"或者"可臻完善式"的方式"整体前行"的，而是否在前行、前行的进度和程度如何，其主要标准就是一个社会结构中的社会成员的"责任与义务是否对等"的"权利准则"；另外还有一个标准就是下文所论述的"精神要素"。单体意识形态的性质只能在整体意识形态之中做定性分析，定位的准则就是"权利"要素。而作为标准的坐标轴心的"权利"，几乎就是康德、黑格尔、马克思、密尔等哲学家们的主要理论概念之一的"自由"的基本内涵。而包含在"权利"之中的下位概念"物权"，在人类文明早期的发展历史中，则起着基础、阶梯和杠杆的决定性作用：人类的历史进步使得从早期婚制进化，私有制产生，国家和社会制度建立并不断完善，前提就是物质财富的充分剩余，并由此导致了继承权的问题，随即带来的就是遗产的归属问题——这样物权就必须明确，财产的归属问题至此才起到了无可替代的决定性作用，使得某一个特定的人在其群体中的社会价值和意义、作为完整人格的完全体现，正是由于这样的权利问题才日益凸显出来。正如恩格斯所说："只有能够自由地支配自身、行动和财产并且彼此处于平等地位的人们才能缔结契约。"①

---

① [美]约翰·罗尔斯. 正义论[M]. 何怀宏，何包钢，廖申白，译. 北京：中国社会科学出版社，1988：76.

如果没有这样的自由处置权，一个社会群体的成员之间就不可能有契约，结果就会有决定者和被决定者这样的根本性区分。历史进程就是一个由不自由到基本自由，再到完全自由的一个漫长又艰难的过程，也是一个必然过程。在这个过程中可以分为三个层次：首要的前提性因素就是恩格斯所说的"自身"要件，这并非是一个可以忽略的重大问题；其次就是"行动"，就是诸如现代法理之所赋予自然人以及人与人之间约定的基本权利，它是"自身"要素的意义延伸，也是"近代""现代"社会发展的必然结果和展现。在这里，"近代""现代"就不仅仅是一个时间概念了；第三个层次就是"财产"处置权的问题，它能否得到保障，决定了一个社会主体是否可以保障自己的"自身"和"行动"。而人们所有的奋斗历史，核心目标均是为这个保障基本生存条件和显示社会地位的标志性要件而展开的。所以才说物权起到了撬动历史前行的杠杆作用。并且在其后的人类文明历史发展中，也是以物权为核心的权利意识来建构社会制度、社会组织体制和社会价值体系的。并又以这样的价值观念、意识形态推动国家和社会制度的细致化和完善化。近现代国家体制中，物权决定着个人的社会地位、身份、角色，也就是这个人在是否以及何种程度上可以享受社会资源，即社会"权利—义务"关系的是否对等，物权由此才显得如此重要。之所以把"权利""物权"作为衡量和检测意识形态发展状态与程度的标准，是因为人类历史原本就是求取"自由"的历史，特别是自然人争取"社会人"的权利平等、义务对等的发展史，这也是整体意识形态的核心内容，还是衡量一个单体意识形态在人类文明史中是否符合历史发展规律和方向的最关键的标准。

<<< 第一章 世界整体意识形态的自然演进与物权的杠杆作用原理

附赘一句,"自由"(Liberty)和"权利"(Right)这两个名词,不管是西方还是东方,不管是哲学、政治学史还是伦理学史,往往都是混合使用的概念。笔者以为,权利是自由的核心内容,"自由"的内涵大于"权利",因为按照马克思主义的基本观念,自由不仅包含人的社会性"意志自由",还包含人对自然的征服:从自然界中求得行动、行为的空间扩展,也就是荀子所说的"制天命而用之"。因而以此种定义方法用于人类整体意识形态坐标系中单独验证单体意识形态的功能和性质应该是完全有效的。

其次,物权在社会组织结构和道德实践中起着相当重要的作用,具有无可比拟的实际意义。

1971年约翰·罗尔斯的《正义论》的出版和1974年罗伯特·诺齐克撰写的《无政府、国家与乌托邦》,议论的焦点都在于"权利",而矛头直接间接都直对着其中的"物权"。罗尔斯认为,正义是社会制度的首要价值:"正义的主要问题是社会的基本结构,或更准确地说,是社会主要制度分配基本权利和义务,决定由社会合作产生的利益之划分的方式。"① 罗尔斯这样强调是有原因的,首先社会结构的正义性问题决定了社会制度的合理性、甚至是人道性,这是人文主义的最终归宿;其次,它也决定了社会主体的价值取向、道德心理、道德意愿、道德行为和整个社会道德体系的有效性、稳定性。因为"在国家意识形态—伦理准则—社会组织结构—道德实践—道德有效性这个链条中,作为中段的、起着实际支撑作用的桥

---

① [美]约翰·罗尔斯.正义论[M].何怀宏,何包钢,廖申白,译.北京:中国社会科学出版社,1988:7.

梁纽结和过渡,是一种基于社会组织结构基础之上的社会价值观念"①。

再次,物权在此之所以如此重要,是因为物权的拥有性质与其特定社会形态的意识形态、社会组织结构形式有密切关系,它能充分反映社会、政治"权利—义务"的关系。即便在人类文明早期也是如此:权利和义务关系就是由私有财产来决定的,"国家公民的权利义务,是按照他们的地产的多寡来决定的"②。社会形态基本稳定和成熟之后更是如此,这是因为以下三点要素。

一是财产和社会主体的劳动付出有关。即使是受赠或者继承遗产,它最初的来源也是和劳动付出有关的。它能否得到保障,意味着社会主体劳动付出的性质:劳动产品的归属、所有权决定了劳动付出是享受社会权利,还是在尽个人义务,权利与义务之间的关系又是怎样的,所以它又反映了一种社会组织结构或者社会形态及其社会意识形态的性质。

二是这样通过付出得来的财产,理应受到保护不受侵犯,此谓"正义性"。因为一旦这样的权利得不到保护,就意味着权利主体的劳动付出仅仅是在尽义务,却非同时享有权利;意味着劳动者的劳动权利和其他权利一样,不可能得到保障。而劳动付出一旦得不到保障,不仅会影响劳动者的劳动付出的心理意愿,更势必会直接影响到劳动者的道德心理:"一种社会组织结构它决定了道德主体在何种程度上决定是否和在什么程度上支配自己的劳动力,也(最终)

---

① 任辉. 论社会结构、道德实践和道德有效性 [J]. 伦理学研究, 2014 (3): 13.
② 马克思恩格斯选集: 第4卷 [M]. 北京: 人民出版社, 1972: 112.

决定了道德主体的道德意愿和道德取向。"① 这样,"社会组织结构形式—物权—道德心理"也就间接反映了它所属的意识形态的性质。

最后,人类的发展进步的历史不仅仅是争取社会权利均等、求得意志自由的历史,也是人类文明、精神境界不断提升的一个缓慢过程。人是一种社会动物,个体的意义需要在集体劳动、生产和社会生活中显现,需要在相互之间完成经济活动、交换活动。伦理活动和法律活动等也是在群体之中起到平衡、调节作用的。同时,人更是一种精神动物,更需要思想交往、沟通,需要精神归属,需要"社会的人"在特定群体中的爱、尊重,需要相互间的情感交流,以及对美的事物的鉴别、欣赏、分享。由此,"社会正义"问题还是人类文明不断向上发展的精神纵向轴,具有终极价值的性质。如前所述,能否尊重个人与群体之间的罗尔斯所谓的"差异性"原则,既包含着人类理性、带有功利目的自我完善、自我调节的程度和功能问题,更是人道问题、终极关怀问题。人文精神、人道情怀的主旨就在于人类的彼岸精神建构,所蕴含的是人的美德和"绝对道德律令":诚挚宽忍的道德信念,渐趋完善的道德境界,自我实现的人格成就,返璞归真的精神价值,必不或缺的审美需要,崇高典雅的审美理想和高尚、艺术的审美情感。这种精神类人类情感需要和内容就是马克思在《〈政治经济学批判〉导言》中提出的命题"实践—精神的""整体"掌握世界的方式:"整体,当它在头脑中作为被思维的整体而出现时,是思维着的头脑的产物,这个头脑用它所专有的方式掌握世界,而这种方式是不同于对世界的艺术的、宗教的、

---

① 任辉. 论社会结构、道德实践和道德有效性 [J]. 伦理学研究,2014 (3): 13.

实践—精神的掌握的。"① 这种"艺术的""实践—精神"的把握世界的目的，既是人类借以前进必经的生命历程，也是人类几千年以来前赴后继、披荆斩棘所要到达的最终归宿。

在达到这样的精神境界的历练过程中，扭结点就在于维系在社会组织构成、意识形态、理想的道德信念之间的社会"权利""物权"。其过渡和阶梯作用即是如此：以物权为基础，依次造就社会组织结构并维持其有序性和稳定性，进而推动社会生产经济活动良性发展和社会进步，从而完善社会价值体系，并以此稳定、净化社会道德心理，提升人的精神层次，使得单体社会构造分别随着意识形态整体不断进步、前行。物权和社会组织结构、意识形态这二者之间就是这样具有了决定性的因果关系：前者是自变量，后者是因变量，也就是说，物权的构造过程中，社会组织结构和意识形态也逐步随之成熟和完善。当然，这也是一个阶梯状螺旋式上升的过程。这个过程，既是人类文化渐次前行的必然的整体趋向，同时也是人类理性、人文思想以及道德学说等渐趋成熟和完善的一个自然演进过程。

对于人类理性可能达到的程度和界限的划分和解读上，康德和黑格尔对此是有分歧的。康德设定了一个认识论上的"物自体"，认定人类的认识能力永远也达不到完全认识自然界、物理世界本质的程度。而黑格尔则相反，他认为人的认识能力一直在无限接近于事物"真理"。其实，我们可以说，这是个认识角度的问题，二人的说法并无根本不同，就像是"证实"和"证伪"这一对看起来是相互矛盾的认识论原理一样。

---

① 马克思恩格斯选集：第2卷 [M]．北京：人民出版社，1972：104.

<<< 第一章　世界整体意识形态的自然演进与物权的杠杆作用原理

　　本书可以套用康德、黑格尔分歧的原理模型用来造就的一个命题就是"人类理性有限论"或曰"人类理性不断发展论"，模拟这个模型似乎可以得出一个近似的结论：人类理性自从进入文明时代始，就不断在发展、成熟、完善，在不断向完全自觉直至完美而无限接近。但是，似乎永远也达不到或者根本就不可能达到这个境界。这个判断是基于人类不同族群的文化发展全方位对比之下的差异来说的，这样的差异导致的不同文化之间的思维方式、文化观念差异过大，看起来弥合的可能性不是很大或者几乎难以弥合——至少在一个相当漫长的时间段之内是这样的。这个理论并不新鲜，但是我们应该看到，既然有差异，那就必然有先有后、有左有右，这就是"木桶原理"的最初模型。更深一层的结构原理是，构成木桶的板块并非是静态的，它是动态的，具有历史演化性质。

　　历经"一战"和"二战"进入"后现代"时期之后，人们对于人类自身理性的功能、能量、意义的反思进入更深层次的新阶段，对于"启蒙"之类的"宏大叙事"产生了浓重的怀疑心理。此种思潮带给人们的是对于自身文化结构的价值再评估、再反思，以及对于不同文化类型的重新研判、深层次的对比。所谓的"女权主义""后殖民主义"等文化思潮的大背景即是如此。西蒙娜·波伏瓦的《第二性》社会学说及其此后的女性主义浪潮，马尔克斯所谓的"魔幻现实主义"，莫言的"故事"等文学现象均是其直接或者间接的成果。虽则如此，人们应该也很清醒地注意到了自己用来反思理性所依靠的工具恰恰就是理性本身，这很有意思，说明人们对于自己的头脑思维能力、局限性和智性努力的方向及其历史，都产生了浓重的不信任态度却又茫然无措、充满矛盾的窘况。但是也就在此

23

种历史进程状态下，人们的精神境界和品级、层次于此也展现出与历史完全不同的景象，再也没有出现类似于"巴黎和会"、《凡尔赛和约》等的国际事件和契约。亨廷顿的《文明的冲突》也并没有如期出现，或曰并非是大战级的矛盾冲突，而人类文明进步的脚步却在加速，代价也显得越来越小。"有限战争论"的意义也不仅仅局限于国家或者区域利益，而是更着眼于人类的未来和集体利益。这一轨迹也越来越明显。

所以，人类理性的发展、进步是个缓慢的进程，但是没有谁会怀疑它的前行态势，而在这样的过程中，其展现的最大的效能在于它的自我反思能力和自我纠错机制。但是怀疑论从未止歇。比如十几年前的一次很重要的伦理学研讨会上就有过交锋。其中一位著名学者就曾尖锐地指出："……在上述理解模式中，康德的理解模式最适合于成为'全球伦理'的基本原则。但这种理解模式也有其局限性，即它的基础是人的理性，但理性原则并不一定能起主导作用，而且在将来也不一定起主导作用。"[1]

这个论断对于人类理性的担忧似乎很有道理，但是，此次参会成员的困惑最终直指这个悖论：非理性主义也面临着一个问题，非理性主义者批判理性主义所用的武器正是理性。所以，结论也就只能是似是而非、莫衷一是。

为什么最终会是"理性主导"这个结论，好像并不需要太多的纠缠。非理性的规则，比如"意志论""情感论"等等，麦金太尔在其主要伦理学著作《德性之后》已经宣告了其不可靠性，纵然是

---

[1] 余冠仕. 当今世界需要什么样的道德律令 [N]. 中国教育报, 2001 - 11 - 1 (7).

产生过重大影响的尼采、克尔凯郭尔伦理思想，结局也是必然如此。现在的问题是，即使是理性主义原则，为什么还会让人们首鼠两端，对于理性的作用充满如此的狐疑不信任？其实这里面有相当一部分原因在于人们分隔了理论与实践之间的关系，也就是理论和实践不对接的问题，也是历史进程中理论在实践之中的曲折应用和试错现象，而并非一定是"理性"本身出了问题。其实这是"知行能否合一"的命题，也就是道德标准和道德实践之间的矛盾问题，并非源于理论自身的问题。即使一种理论学说再好，但是人们并不按照这个规则来行事，就不能反过来归罪与这个思路自身。而道德规则和道德实践之间的矛盾问题，一直是困扰人类伦理的一个十分棘手的问题——不管是世俗社会还是宗教社会均是如此。更何况，道德的准则问题本身就是一个重大的分歧性问题。直到今天为止，世界伦理学界似乎有了一个基本结论，那就是赵敦华教授所命名的"道德金律"和"道德银律"，即"第一道德律"。但是人类最高的智慧所创造出的此种道德律在人类文明的道德实践中却并非是放之四海而皆可行的道德律。所以只要有人不认同此律，那么混乱和纷争甚至是战争就不可避免，区别仅仅是时间、范围和规模的问题。这就是人类理性的整体性在今天的局限性，亦即"木桶模型"之中的"木板效应"问题。

　　顺便赘言一句：康德提出的"道德律令"和基督教的道德律"你愿意要别人怎样对待你，你也要怎样待人"，以及孔子的"忠恕之道"之"金律"定义是很接近的，这说明人类的思维具有某种程度甚至是很高的通约性。

　　道德的目的旨在调节人类社会、社会群体和人际间关系，主要是利益关系；其次的目的是派生出来的"美善相关论"。冯友兰所谓的"道德境界"能引发道德主体的精神境界、美的境界的提高，这是伦理道德所能引导人们可以到达的终极归宿之一。这也就是科学所无法予以证明的道德形而上学，也就是第一哲学，是古希腊哲学、中世纪经院哲学、德国古典哲学等为之殚精竭虑的主要目标，也就是康德"道德律令在我心中"之上的"灿烂星空"。

直到今天，哲学家们不断探索的和人类整体规则屡次试错之后所能归纳出来的其中重要的结论就是今天所谓的"后现代"思潮，这也是其思维演变和成熟的另外一种体现：主客观二元对立的消弭，对于人类赖以生存的自然环境的敬畏，对于异己的不同文化的尊重，对于理性内质的价值再评估，对于个体生命、生命价值的敬重，人类整体精神品格的不断重铸和提升。

所以，总体来说，这也就是客观世界反映出来的人类理性发展的自然进程，这不是几个哲学家和思想家以及哲学思潮所能够掌控和解决的问题，甚至他们对此能产生多少重大的影响力都甚可怀疑，尽管他们的思想和主张展示出很强的总结性和惊人的前瞻性、先进性。更何况，人类历史上的各种哲学和思想本身就充满不确定性和重重矛盾。并且，所有的哲学思想本身也属于人类意识形态、文明进程和自然演进之中的一部分。因此，回过头审视人类历史进程还是那句老话：是大脑决定行为。但是，人类毕竟是理性动物，有很强的自我反思能力，所以反过来，人类对于自己的行为结果会不断纠错并进而反映到自己的头脑之中，促进理性的发展和成熟。这其间，环绕着以"物权"——物质利益为核心的人们的权利的纷争，不断地在撬动着意识形态、伦理规则和社会实践的缓慢前行，最终的历史推动力还是恩格斯所指出的物质利益因素。所以这是一个主客体的"思想—实践—思想"相互作用从而使得人类社会不断螺旋式上升的自然历程。

因而，人类历史演进的主导因素注定就是人们的理性，也只能是它。但是，它也一直在发展之中，并未止歇。它所能达到的极限，也就是衡量人类文明程度的主要指标。但是，人类的实践和理论的完满统一性问题将是一个漫长的遥遥无期的过程，因为不同的文化所界定的价值问题是一个几乎无法弥合的理论困境。

三、物权程序正当化对于中国当代社会主义道德体系建设的意义

笔者曾有意识地区分了世俗型伦理、宗教型伦理和法治式交叉混合型伦理三种伦理形态，并分别对应不同的社会意识形态且与之相匹配的社会组织结构。就"物权—意识形态—社会正义"这个命题来说，中国古代儒家世俗道德、儒家伦理价值体系和亚细亚生产方式相结合所共同凝成的社会形态，曾经创造了辉煌的人类历史成就，但是也显示了其不适应于时代的落后性的一面。所以，其既有其历史存在的合理性、优越性，也存在历史发展的惰性力。重视这一点，对于塑造崭新良好的、面向未来的"世界观—人生观—价值观"价值体系和"权利观—道德观—人际关系"思想和实践体系，以保障道德系统有效、有序、良性运转，具有积极的特别的参照意义。依据马克思主义生产力和生产关系、经济基础决定上层建筑基本原理，物质世俗性社会组织形态本身就要依靠生活生存资源来结

构社会关系,来保证社会组织本身和价值系统稳定的,这是硬性条件,也是基础条件。社会整体体系的进一步发展,也离不开这个根本元素,或者说,更要牢固地完善和加强物质性要素的构造方式。进一步来说,即使不是世俗社会,造就道德系统也离不开物质性的功利原则。所以社会成员"所收获的成果的表现形式就是社会权利:最低要求是人身安全保障和劳动产品、物质产品的基本所有权;然后是享受某种程度的社会福利和公共权力。……道德秩序和社会秩序的趋向是同方向、同比例的……权利义务相分离的状况也隐含了:即使社会道德标准如何明确、如何确定,但是道德实践却具有随意性、随机性的内在固有因素"①。从这个意义和角度来说,保证物权程序的规则化、正当化实在是十分必要的,否则会产生"反杠杆效应",直接影响和作用于"物权—意识形态—社会正义"这个因果链条:离开物质生存保障这个条件,或者说物质获取的正当性程序得不到必要保证,社会组织架构和对应的道德体系都会是很脆弱的。所以,上层建筑的有序结构过程必须依赖于经济基础的稳定推进。当然,这也是一个互为因果的关系系统,它也可以充分反映一个社会历史文化的嬗变历程、结果和由此造就的社会形态的根本性质。

中国古代儒家伦理规则的主要内核和它的历史意义的基本定位体现在两个方面:积极入世的世俗性特征,和"君君臣臣父父子子""亲亲尊尊"这样由内及外、由上到下的"差序格局"的具有封建宗法性质消极意义的等级制社会体制,和"忠孝节义""三纲五常"之类的封建宗法伦理。其入世的根本出发点在于践行后者的伦理观念,而全部价值系统的导向均指向稳定的有序的物质分配的均衡的

———

① 任辉.论社会结构、道德实践和道德有效性[J].伦理学研究,2014(3):13.

<<< 第一章 世界整体意识形态的自然演进与物权的杠杆作用原理

梯形结构，以此保证庞大社会群体的集体生存安全。先秦哲学和后世伦理思想皆是以此为基本目标来展开和深化的。因而物质要素在建构社会机制和相应的伦理规则之中属于基本奠基性要件，那么对应的社会整体性意识则不具有类似于宗教伦理那样的超人格的、超道德的、具有完全精神性寄托和无条件精神付出的信仰内质。所谓的"儒教"只是在社会精神能量的聚集、统摄上与宗教有所近似而已。有一种外在表现形式可以足以说明这一点：儒家道德观念或其他相关的伦理学说，都是完全服务于社会组织机制的——即使是"世俗化"的佛教伦理。所以儒家伦理在精神力量方面的社会支撑作用来说，无论早期的荀孟学说，还是后期董仲舒的"儒术说"、韩愈"道学"、宋明"新儒家"——"理学""心学"等儒学理论，对于其后的伦理思想发展走势以及对整个中国古代社会历史的影响，都是在这一线索脉络上展开和发挥作用的。延续两千多年的儒家的等级制社会组织结构和道德实践对人们产生了极为厚重的又韧性十足的社会心理，而这样的心理惯性力是具有历史固化性状的。所以廓清其在古代社会之中的社会历史文化作用，对于当代社会主义新伦理的建设具有很重要的借鉴意义和现实意义。更进一步应该达到的形而下的实践意义在于：针对这样复杂深厚又具有巨大弹性力和可塑性特征的历史文化积淀，应该有针对性地建立起可操作的应对机制和原则，寻找到根本性的而有效的针对性方法，以更有力地促进当代社会主义核心价值观新道德建设和地区性新社区的道德建设，并促进地方政府机构功能性改革与建设，促进和谐社会的建构、进而实现我们这个古老东方民族前所未有的伟大的"中国梦"。

第二章 "道德金律"问题与理性主义关系辩证

　　人类社会的道德准则、权利观念等意识形态、上层建筑的进步与成熟是个自然演化过程。有关"道德金律"的典型学说，中国古代的孔子的"己欲立而立人，己欲达而达人"之"忠道"，与基督教、康德等的相关学说皆有共同之处。但是也有重大区别：孔子的学说属于世俗样态的，其有效性依靠的是道德"他律"；而基督教道德律是宗教性质的，康德的学说是理性主义的，这后二者在道德实践中的有效性依靠的是"自律"，它更具有一定程度上的现实性，实现程序上的可靠性。"道德金律"的要件在于其必不可缺的"权利观"这个必要且不充分的条件，它和人类理性不断互相促进也互为条件。道德内容、道德实践的律己形式取决于社会文化系统。如果缺少"权利—义务"这个社会组织机制的要素前提，就会导致道德律在道德实践中的弱效性。权利观念也是人类理性发展随带的结果，因为人类文明的发展与进步只能依靠理性。当然人类理性也是受限的，它是一个历史过程，所以才有辩证法的"否定之否定"之"螺旋式上升"之说。但是，"人掌握世界"，所有的优劣问题全在于此，这是其自身的特性决定的。从整体来说人的理性具有自我修正、自我调节、自我完善的能力，所以道德律具有趋同性而渐趋成熟和完善。

一、关于"第一道德律"的伦理逻辑困境

2001年中国人民大学就"中国传统伦理与世界伦理"议题举办了一次国际学术研讨会，该次会议在总体论述中国传统伦理能为世界伦理的两个基本原则做些什么贡献的基础上，着重探讨了在当今全球化的背景下，我们人类应该遵循什么样的道德律。

此次讨论距今已经十余年。在那次会议上所集中探讨的"第一道德律"（即"道德金律"）和人类理性这两大命题的意义至今余续未绝，当然也就没有最后的结论。在伦理学历史上，有关于道德金律的争论一直是个焦点问题，也是具有很强的带有普泛意义的问题。一般来说，人们大都认可孔子、康德和基督教对于这个道德律的定义。但是，人们也意识到许久以来的这个理想性道德律也有个困境，就是这样的道德律可能引起"推己及人"甚或是"多数暴政"的延伸性不良后果，以及无法在一定历史时期内产生有效的现实意义。所以这次会议的参会者们，对于道德律的准则问题和在道德实践中的困境也表现出了深深的忧虑。

也就是在这次会议上，人们认可了赵敦华教授所命名的四大道德律之说，即道德金律、银律、铜律和铁律，而对于"第一道德律"的准则的认识是完全同一的：对于"道德金律"，"在中国儒家眼

中，是'其恕乎：己所不欲，勿施于人'。这是一种消极的表达方式。其积极的表达方式为'欲人施诸己，亦施于人'，或是'己欲立而立人，己欲达而达人'。这一表述在基督教中，是'你愿意要别人怎样对待你，你也要怎样待人'"①。

其实，笔者以为"欲人施诸己，亦施于人"更恰当的转述应该是"欲施之于人，人可施诸己"。孔子的道德律主要包含了"忠恕之道"。其"忠道"的意思是"己欲立而立人，己欲达而达人"（《论语·雍也》）。这也就是人们所熟知的"忠"，即尽力为人谋，中人之心故为忠，就是待人忠心；"恕道"之恕，亦即推己及人，如人之心，故为恕，即孔子在《论语·卫灵公》篇里回答子贡"有一言而可以终身行之者乎？"的问题时所说的："其恕乎！己所不欲，勿施于人"。甚至孔子的道德哲学还包含了道德"铜律"："报怨以直"。这一点与基督伦理的"以眼还眼，以牙还牙"是有些近似的。

康德的道德律，即"绝对命令"主要的阐述是在其《实践理性批判》中所提出的"道德律令"："不论做什么，总应该做到使你的意志所遵循的准则永远同时能够成为一条普遍的立法原理。"② 而在其《道德形而上学基础》里的表述是：要仅仅按照你能够同时愿意它成为一条普遍规律的那个准则去行动。

孔子和康德的理想道德律令，和基督教中主要的道德准则和观念则是基本一致的："你愿意要别人怎样对待你，你也要怎样待人。"（《新约·马太福音》）所以就此一点来说，我们且称之为理性道德

---

① 余冠仕. 当今世界需要什么样的道德律令 [N]. 中国教育报，2001-11-1 (7).
② [德] 康德：实践理性批判 [M]. 邓晓芒. 桂林：广西师范大学出版社，2002：17.

第一律的"三家店"未尝不可。

应该说康德的道德律和基督教以及孔子的"金律"定义是相当接近的，历经千百年而始终为人们所认可。甚至是孔子的道德银律"恕道"也是很独到的。基督教义的金律之下则是"铜律"："以眼还眼，以牙还牙，以手还手，以脚还脚。"(《旧约全书·申命记》)人们对于道德律的认识这样跨时空的高度一致，这说明人类的思维具有某种程度的，甚至是很高的通约性。

孔子等所定义的这三种道德律的共同特点是：之所以我要求别人成为那样的人，只因为我要成为那样的人，所以也要求别人同样要这样做。但是这三种"黄金律"都不包含"别人可以不这样做"这个含义。而这个道德律给人们带来的后续思考主要有三个方面。

一是大家都这样做是不是就一定是合理的、正义的，这个道德律是不是终极道德律？

二是如果这个黄金律有缺憾，则如何来弥补，标准又是什么？

三是在产生和完善这个黄金律的过程中，人的理性扮演和充当了一个什么样的角色，是否能依靠它来最终解决这些伦理困境，以及在未来的世界中，它又会具有什么样的功能和作用？

2001年的这次会议所有的讨论的焦点和分歧也都在于此：如何避免由此而带来的"道德胁迫"这一类的伦理困惑——我这样做，是不是别人可以不这样做？你可以这样友好地对待别人，是不是允许别人可以不这样同等地对待你？而如果要解决这个伦理问题，依靠的准则又是什么，最有可能带来的后果是什么？

本书据此将要在这里讨论的论域和道德命题是：一个道德主体拥有无可争辩的道德主权，他可以根据自己的意愿主动选择"绝对命令"这样一个道德律,但是也要尊重他人"不选择"这个道德律令的权利。这也是作为道德逻辑前件的"权利"要件对于道德界限和有效性来说所具有的意义和作用问题。

二、"权利的界限"与"道德金律"的辩证关系

对于上述的道德律或者金律的定义自身来说,应该是没有什么问题的。人们对它们的质疑不是对于其本身,而是可能产生的后果与其初衷不相符甚至是背离的问题,也就是道德律"如何可能"或者如何保证其有效的问题。笔者以为,解决这个问题的前提要件就是人们对于价值客体的理解,也就是它包含的内容,即道德准则的基本内涵,这也就是道德主体履行道义义务、实施道德规范的自身要具备的先在条件:道德主体的先在条件,那就是自然人要拥有自由的身份,也就是说他必须是自由的人,拥有一个社会成员必须拥有的权利。然后才可以讨论,他是否应该遵守道德规则,遵守什么样的规则,甚或是在什么程度上遵守规则。

道德金律的本质属性就是要求道德主体必须拥有完全责任能力,拥有完全的社会权利。只有具备了这个前提才能讨论其后再延伸的问题。所以人们对于道德律的理解偏差就是缺少了一个环节:权利观,即道德主体的道德权利状况与认知状况(即理性状态)。所以如果要对"第一道德律"加以补充,那就是要加上一个前提:道德主体尊重对方对于履行道德义务的权利,也就是尊重别人的权力和选择。其实本质上说也就是自由的权利:选择和不选择承担"黄金律"的自由权利,甚至是不要求自由的权利。

第二章 "道德金律"问题与理性主义关系辩证

权利观是理解道德律的前提条件,权利也是人们拥有道德感和遵守道德规则的前提。这也是社会组织机制之中,权利义务对称的顺向性结构。反之,就会造成"捆绑式"道德结构,每个人都会限于自设的道德死结。所以,道德黄金律总的前提就是"自由观",即马克思主义的"自由观",《共产党宣言》里的历史辩证的"自由观"认为:"每个人的自由发展是一切人的自由发展的条件。"①

道德体系的完善与成熟是一个过程。同时,自由是目的,同样也是一个过程,是在不断的实践过程中,经过不断的否定之否定所应该且能够达到的最高目标,也就是"以每一个个人的全面而自由的发展为基本原则的社会形式"。②

而我们之所以不能被自己所设定的道德规则牢牢束缚住而成为其奴隶,就在两点:一是我们拥有这样的理性能力把控自己"种的尺度",二是我们是自由的、自主的,拥有平等的、普遍的社会权利。这也是符合历史发展规律和方向的"一个种的整体特性、种的类特性就在于生命活动的性质,而自由的有意识的活动恰恰就是人的类特性"③。

道德主体要做到道德自律的必要条件之一就是这种顺向式道德逻辑结构。若不其然就会形成道德"他律":互相监督,互为条件。人们一般都做这样的理解,"自由"就是"一定拥有"和"必须行使"社会权利,所以才会造成黄金律的道德困境。其实,"完全自

---

① 马克思恩格斯选集:第一卷[M].北京:人民出版社,1995:294.
② 马克思.资本论[M]//马克思恩格斯全集:第四十四卷.北京:人民出版社,2002:683.
③ 马克思.1844年经济学哲学手稿[M]//马克思恩格斯全集:第三卷.北京:人民出版社,2002:273.

由"并非一定做这样的理解。对于"自由"的完整理解还意味着对于所拥有的权利做出自由的选择：可以拥有，也可以放弃；可以行使，也可以不行使。这样，道德自律就是"一定拥有"和"必须遵守"的结果，对于这一点是没有疑义的。但是，是不是一定就要"共同选择"，这却不一定的。正义的道德赋予人们拥有和行使权力的权力，同时还有放弃拥有和行使权力的权力。以此类推，对于自己拥有的"自由""权利"拥有选择的权利，也有尊重他人选择和不选择的权利。

这样就构成了道德逻辑的两大界限："自由"的界限保障自己的权利，维护别人的权利，但是等同的个人意志不能强加于别人；"道德律""道德"规则的界限是保障个人行使权力和不行使权力的自由。如果越界，那么个体"自由"就不会得到保证，"道德律"也根本没有办法产生统一的、理想的标准。只有这样才构成了道德律完整的逻辑关系链条和结构。

比如说，如果不对其加以限制，即使多么完备的黄金律描述也可能产生道德胁迫的不良后果。仅以儒家的"己所欲、施于人"的准则为例，如果可以泛化开来，就可以这样对他人要求："'三纲五常'很好，所以我这样做，你也要这样做。"很显然，这是不合适的。因为拥有自主权利的道德主体具有这样做和不这样做的选择自由。

由此，道德金律合理的完整表述就体现为："欲施之于人，人可施诸己"——"或（可）欲施之于人，人可施诸己"，或"己所欲，（或）可施于人"。也就是说，可以还是不可以，取决于他人的个体自愿意志。我们也可以这样理解："己所欲，可施于人"其实就是道德银律"己所不欲,勿施于人"的反题。

康德的"绝对命令"就可表述为:不论做什么,总应该做到使你的意志所遵循的准则永远同时能够成为一条普遍的立法原理。但是,是否遵循这个准则取决于对方的意愿。

这个后续补充就像是"走自己的路,让别人去说吧"这句名言一样要有个前提:你可以行使"走自己的路"的权利,别人无权干涉,但是不能由此妨碍别人的相关权利。否则,这个"走自己的路"就成了霸道。

其实,这个道德律除了"不选择"这个权利上限,还有一个没有言明的最低基线:即使是双方都愿意接受和选择,但是也不得侵害第三方的权利,即使是自己愿意被侵害。举例来说,不得要求或强迫他人和你一样做好事,而且也不能允许他人和你一样去侵害别人,甚至是侵害自己。能否实施"安乐死"的伦理困境就在于此。一旦这个基线被打破,几乎所有的伦理准则和规范都可能被突破、都要失效。而解决这个困境的适用准则就是尊重他人"不选择"的权利。这样就既能避免诸如"道德绑架"等道德困境问题,同时也避免了非理性的自以为是的道德行为。若非如此,设想不加限定的"道德金律"付诸实施,如果是一个很理性的人,此定义没有意义,他本身就是最高标准、道德典范;但是道德载体如果是一个非理性的人,这样的道德律也会失去意义,因为道德主体的自我规范就是最低标准,就很可能产生"同归于尽"式"道德绑架"的灾难性后果。

道德金律是一种道德理想,道德银律是可实施与可实现的道德标准。而二者结合这就是尊重他人权利的道德律、更为合理的"绝对命令"。当然这和金律一样，也是一种道德预期，只是一种更为合理的律令表述。要成就一种符合现实的道德规则，更需要的是道德层次的进一步的发展与提高，需要人的理性更加成熟，而不仅仅是一种理想规则的描述。内容决定形式，内容的重要性永远大于形式。如何才能有效实施道德律令，与要实施什么样的道德律令，这是两个不同性质的命题。后者的性质决定了前者的意义。

伦理学规则之中的这种权利观是一个客观历程，权利是道德的基础，也是其主要内容。权利是人类历史发展的动力因素之一，也是普遍性意义的终极目标所在。它的随带结果是"精神要素"的成长、发展与成熟。这个成熟过程带来的结果不仅仅是道德规范体系的完善，而且还会促进整体道德伦理内容的同步提升。当然这是一个漫长甚而是痛苦的历程。所以就此而言，在2001年人大那次世界伦理学会议上，人们得出的结论是有道理的：当今世界通行的基本准则是道德"银律"（"己所不欲勿施于人"）和"铜律"（"以眼还眼以牙还牙"）并行，以作道德准则的相互补充来做实践秩序的有效维护和利益平衡。

相比较而言，撇开道德内容仅就其形式来说，实现道德理想的重要途径就是康德在《实践理性批判》里所阐述的不依经验而服从理性原则的道德自律。从道德的社会学依据来说，道德自律的前提条件之一就是权利的对等和道德主体的权利义务的对称。它是自变量，道德实践是因变量。这一点也基本是公认的。这个自变量的形成是历史性的。杨国荣先生的看法是，道德主体应该在社会结构组织中先有义务，后有权利："道德的担保涉及多重原则，其中基本或核心的主要是两条，即正义原则与仁道原则。正义首先意味着对权利的尊重,具体而言,他要求公正地对待和确保一定社会内每一个人的应有权利。"① "享有权利表明有理由要求他人尽义务,换言之,我对他人拥有权力意味着他人对我具有义务。"②

他律的前因一般来说是自律不足,道德主体的内心自我监督、自我完善、自我调节的能力不足。也就是说,道德实践需要共同体之内的所有道德载体互相监督和模仿。它的有效性很可疑这是毋庸置疑的。可能的结果是共同进退:同好,或者同坏。总体来说,道德自律和他律的状况与其所处于的社会样态以及历史文化有关。所以,权利要素也是道德有效性的保证要素,它是必要条件,当然并不充分。黄金律的保障在宗教意识形态中更有实在性(在此并不讨论宗教性质),但是其道德准则却不一定是确定的。世俗伦理通行的是他律,可靠性也不足。理性主义的黄金律是理想主义的,需要依靠未来的道德实践来判断和评定。

三、人类理性在"道德金律"中的意义

人类的各种社会样态的意识形态、社会组织结构和社会伦理等社会上层建筑是基本同步发展和建构的。人类理性也是在其间的不断实践中逐步发展成熟和完善的。在道德体系中,人的理性的因素在三个方面起到的是关键作用:

一是对于道德准则的形成或者制定;

二是道德依据的制造和对反道德行为的批判;

---

① 杨国荣. 伦理与存在 [M]. 上海:上海人民出版社,2002:52.
② 杨国荣. 伦理与存在 [M]. 上海:上海人民出版社,2002:85.

三是维持、维护和保障道德准则在道德实践之中的有效性。

在道德机制形成过程中，伦理准则是滞后于社会组织结构、意识形态和社会制度等上层建筑的建构的。滞后的伦理准则要适应于前行的其他社会构成要素，一般的历史现象是需要依靠人的理性来考查、推演和论证，甚或是推动（比如春秋战国的时候诸子百家就是在发挥这样的作用）。更进一步的情况是，人的理性对伦理规则不仅起到了对应的促进作用，而且还往往具有前瞻性的引导作用。人类文明后期这样的作用更加显著。

至于人们为什么要遵循那样具有前瞻性、理想性的伦理规范，总要做出合理、令人信服的解释，这个时候人们的理性就充分发挥了应有的作用。这种状况在中国古代的儒学发展过程中尤为突出：孔子提出了儒家"应然"的道德理想合理准则，其"所以然"的道德解释任务就留给了后世的道德哲学家们。

由道德他律变更为（或者内化为）道德自律，这是每一个道德系统所要达到的目标之一，因为只有这样才能保障伦理规则的有效性、可靠性，并最终保障社会组织机制的有序、良性和高效的运转。但是要达到这一点并不容易，此时人们的理性作用就起到了其应有的作用——对社会道德主体做出具有完全说服力的合理的理论注释。

但是，这几点也都不容易达到，所以伦理学历史充满变数和不确定性，道德体系历经更迭嬗变，甚至"文明的冲突"充满血腥。

所以，由此也看可以看到，人类理性是一个缓慢发展而逐渐成熟的过程。在此之间，对于不断发展变化的"道德律"来说，理性的作用也是一波三折，甚或是备受诟病、屡遭怀疑。但是，社会文明进步最终证明理性的支撑、引导作用是无可辩驳的。

第二章 "道德金律"问题与理性主义关系辩证

当然这也是一个自然演进的过程：道德律是人们自然约定俗成的。这也是伦理学的一个重要主张。其实，在人们的实践过程中，许多的社会现象最初和其后由于生存和发展的必要性而相互约定的现象非常之普遍。比如语言的产生和发展成熟就是一个例子。所以"约定俗成"这个说法不能说没有一定道理。但是，很显然，问题就在于是由谁来"约定"的？是历史纵向链条中的每一个社会成员和道德载体，除去个别的"英雄时势"个案。正如杨国荣先生所言："如果考察道德演进的现实形态，则不难看到，普遍规范的形成，往往表现为一种历史的选择：一般规范或规范所具有的相关内涵，总是在不同层面上、以不同的方式折射了社会演进过程中的历史需要……"①

这种"历史需要"，既是不同的历史文化形态在发展过程中道德主体的利害计较的平衡，也是人们理性发生作用的运用和实践。

这也符合马克思主义的基本历史唯物原理和实践论观点：在人们的实践过程中，不断发展、促进、改良和修正征服自然的思想和能力，和促进、完善意识形态以及相对应的社会组织结构，从而不断从"自然王国"走向"自由王国"。道德律也是这个链条中的一个环节，成败皆由它。

其间，人类的利益构成和趋向在"约定"过程中起到了至关重要的作用。所以，在道德发生论和目的论理论中，由于利益的计较而促进道德的不确定性发展也是可以理解的。道德发生的起因也就是它的目的：调节和平衡人们的利害关系。在这之间起到关键性作用的就是人们的理性。这也是一个历史变化过程。所以人们所担心

---

① 杨国荣. 伦理与存在 [M]. 上海：上海人民出版社，2002：215.

忧虑的事——理性主义怀疑论,无法落实到学科意义上。

所以也就在2001年那次伦理学会议上,一位知名学者不无忧虑地指出:"……在上述理解模式中,康德的理解模式最适合于成为'全球伦理'的基本原则。但这种理解模式也有其局限性,即它的基础是人的理性,但理性原则并不一定能起主导作用,而且在将来也不一定起主导作用。"①

这样的判断有些武断,如果不说是臆测。因为如果不是理性主义优先裁决,那就是非理性主义的伦理准则来定案,二者必居其一。而非理性的伦理规则,比如"意志论""情感论"等等,麦金太尔在其主要伦理学著作《德性之后》已经宣告了其不可靠性,纵然是产生过重大影响的尼采、克尔凯郭尔伦理思想,必然的结局也是如此。"意志论"更适合于道德个体的伦理行为,而"情感论"更具有发生论意义。所以,从伦理学史角度考量,他们的理论也是发展链条中的一个环节,但是属于旁出的,没有经过实践考验的和利益计较筛选过的理想性伦理规则。并且这样的理论学说也是理性逻辑推演的结果。

麦金太尔所极力推崇的亚里士多德的"德性论",需要的同样是人们的理性来做出保证,而所有的矛盾的焦点就在于此:宗教伦理和世俗伦理无法对此做出保障、予以认可。麦金太尔伦理学也并未解决这个问题。这样的伦理准则,更是应然的问题,而不是所以然命题,属于伦理学史遗留的、悬而未决的历史问题。

---

① 余冠仕.当今世界需要什么样的道德律令[N].中国教育报,2001-11-1(7).

四、结语

综上所述，当今世界最需要的有效的伦理规则是什么？依然是"第一道德律"这个道德理想。而保障"道德金律"得以实现的条件是赋予道德主体必需的、相对应的主体"权利"这个必要而并不充分的逻辑要件，所以道德困境的出路就是权利观优先。而所有这些结果的最高保障就是人的理性。"道德律"与"权利观"和人类理性的不断前行是同步进行、同步发展的，在实践中也是互相促进的。而其间人类的理性是关键性因素：它促进了人们道德律和权利观的产生与发展，而"权利"在道德体系中的比重是越来越高，更有扩容性。同时也显示出道德规范的性质和在道德实践中的有效性和有效程度。但是也要强调的一点是，这种观念是道德逻辑中的必要条件，并不充分。道德自律的成熟与稳定是有条件的，在此之中，历史文化显示出其独特的历史魅力。

马克思主义否定之否定的"螺旋式上升"理论，也彰显了理性主义的自我否定和自我修正的能力和特性，使得道德律在人类实践中不断自我完善和渐趋成熟。同时也使得世俗伦理和宗教伦理不断趋同，趋向于理性伦理。但是所有这一切都是历史文化渐趋发展的结果，现实和理想之间毕竟尚有不小的距离，尽管历史证明这个距离越来越缩短。

第三章 社会结构和道德实践以及道德有效性关系辨析

伦理学所应该要研究和解决的重要命题，一个是道德原则问题，在时间跨度和地域广度的涵盖上，确立尽可能广泛适用的伦理学准则标尺；二是道德有效性问题，也就是在前者的基础上讨论道德的实践性问题。在道德原则问题上，能充分折射出一个社会的文化发展状况，而道德原则的实践有效度这个问题上一方面能够反映此等道德原则在社会生活中的有效性和有效程度，也同时可以反映一个特定社会总体面貌。在伦理规范和道德实践有效度之间起着决定性作用的是社会组织结构这个桥梁，也就是道德主体的社会权利与义务之间的关系设定，它直接决定了道德规范在社会实践中的有效程度。在这方面，世俗社会和宗教社会截然不同，造就这种差异的根源是具有原初性的历史文化。

一、道德准则和道德有效性

就道德内涵来说，它的客观作用作为质的规定性是一种社会关系、利益的平衡、调节工具，主观认识和实践上则从属于价值体系，属于意识形态系统中的下游子系统、支系统。从"道德"的概念统属关系和系统的序列来看，向上是意识形态，其次是价值观，再依次就是道德标准和道德实践。本章尝试重点讨论的是：在价值观、道德标准和道德实践之间存在着一个至关重要的过渡和桥梁：社会组织结构，它决定着道德实践的现实结果，也就是道德规范的有效性、有效程度。

道德是一种标尺，一种规范，用来衡量和调整人与人之间关系，调节的是人与人、人与其所属的群体之间的利害关系。它所产生和适用的环境是个人与集团之间——基本是道德主体与其所属群体和成员之间的利害计较、评价、权衡，也就是个人与社会群体之间的利益关系。在道德系统中，最关键的价值点是道德主体行为所依据的道德规范、标准及其以之为准则的在社会行为中的表现：道德实践。

道德标准从属于社会意识形态下的人们的价值观念。价值观念来源于其特定的社会文化：一种文化的特质、内涵、类型决定了与之相对应的价值观、道德观之间的决定性差异。道德标准最高的逻辑种属是意识形态，也就是一个社会整体所共同认可和依据的意识、思想、精神和价值观念。至于人与人之间的利害关系，也就是道德主体如何趋利避害：一是尽可能最大化地取得和维护自身利益，二是规避风险和害处——道德主体间二者毕竟是此消彼长的。

对于"是非、利害"这样的范畴其内在质的规定性的划分和认定，在不同的文化类型之中对于它的认可、界定也不尽相同，有时差别很大，甚至是相反。对"利害"范畴的界定、分歧和争论也一直贯穿着伦理学史。比如，宗教国家和世俗国家对它的评判就有很大的不同。所以，讨论、考量利害关系的道德标准和适用范围一向是伦理学界的难题之一。北大赵敦华教授的"四律"说因其精辟、独到的见地而为人们所熟知。他总结的四大道德律分别是道德"金律"即孔子的"忠"原则："己欲立而立人，己欲达而达人"。"银律"即"恕"道原则：人们所熟知的"己所不欲勿施于人"。"铜律"即对等原则："以牙还牙，以眼还眼"，换一种说法也就是"人不犯我我不犯人，人若犯我我必犯人"。"铁律"则是反道德的行为，即先下手为强、先发制人。

但是笔者以为，赵敦华教授所总结的这种道德律理论在适用性方面存在着难以调和的问题和内在矛盾：一是金律银律的实践有效性问题，这是道德原则贯彻中的最大的困难和认知差异。二是铜律和铁律的合理性和适用范围问题。比如赵敦华认为："在中国，是中国儒家的心性论，佛教、道教的一些教义，这些可以说都是维护金、银律的精神支柱。"①

可是在历史的现实操作和表现中，我们看到的结果是这个精神支柱显然并不很可靠，实际意义并不多大——或许也就是因此而才得以成为"支柱"的。因为不管是孔子的学说，还是程朱理学、陆王心学，对于中国古代的现实生活的影响范围都很有限，其理论意义大于实际意义。而佛教、道教的一些教义的作用面就更狭窄了。显然，在古代的道德实践中如果说"恕道"尚有可能的话，那么"忠道"在横轴的一线上——正统儒家文化系统、民间亚系统和纵轴

---

① 赵敦华. 金律、银律、铜律、铁律——北京大学哲学系赵敦华教授在法政学院的演讲 [EB/OL]. 豆丁网，2003-09-19.

一线上——自上而下、从前至后的道德实践都是很鲜见的。也就在这个问题上，其实从董仲舒到北宋的"理学"等都是一直在力图证实"忠道"的可信性以及高尚性，以试图说服人们——包括最高统治者——来信奉它、实践它。

考察一个国家、社会的道德状况，首先要考察的就是其意识形态，一般宜于从两个维度入手：一是某个特定社会群体中的伦理准则的性质；二是既定道德规范在道德实践之中的有效度。在这个具有因果关系的链条中，先决条件就是伦理准则和道德规范：因为我们可以通过检测它来判断一个国家、社会或者民族的道德规范是否符合人类文明历史的发展规律和发展方向，并借此来衡量和评判这个国家、社会或者民族的意识形态和价值观念甚至其文明程度。按照一般说法，检测这个准则的标准就是其在社会组织结构中所显示出来的正义性：也就是道德主体最低的社会权利和自由度，因为"这一学说的世俗形式，要求所有的人享有最低限度的平等权利，因而要求所有的人享有最低限度的自由，是基督教在17世纪的主要成就……"① 这是人类伦理学历史上的元规则和首要学科标准，而不仅仅是"亚里士多德和基督教"所主张的道德规则②。而这也应该是罗尔斯《正义论》的主要观点和主张的最早出处，或者也可以说，后者是前者的学术史理论主张的深化和延续。

就道德实践的有效性这个维度来说，主要应该从两个方面来进行考察：道德准则的历史正义性和非正义性，有效性和有效程度。

---

① [美] 阿拉斯代尔·麦金太尔. 伦理学简史 [M]. 龚群，译. 北京：商务印书馆，2004：205.
② [美] 阿拉斯代尔·麦金太尔. 伦理学简史 [M]. 龚群，译. 北京：商务印书馆，2004：203—205.

"相对于中国传统道德对仁道以及仁道的特定历史形态的关注,西方的伦理传统更多地强调公正或正义。"① 所以,借用古希腊的"国家""正义性"这样的一组政治学—伦理学概念来说,社会规则的正义性指的是一种既有社会体制下,社会成员之间的社会权利和义务之间的对等性和平衡性,也就是公平性、公正性。如果二者相符合,社会成员就自然形成或者制定了相对固定的社会契约,这就意味着社会契约在社会成员中基本具有共同性和有效性。非正义的很大程度上就是道德主体或者社会成员缺失了具有对等性、平衡性的社会契约,因为这样的社会契约是主体间在相互协调、目标一致的基础上共同达成的,或者社会成员共同认可的心理默契、行为准则的约定。非正义是因为根本就没有这样对等的社会主体,规则是由于单方面制定或强势赋予的——显然,社会群体的道德规则中所规定的权利和义务也是不平衡、不对等的。道德理性的逻辑前提和预设本身就决定了一个社会组织结构的平衡性问题之内所含有的对等原则命题会直接造就和决定一个社会群体的道德实践有效度、有效性问题。

无论一个社会结构是否具备这样的正义性,道德规则有效还是无效、有效度如何,考察这个论题的源头都应该是从其所在的社会历史文化和文化结构入手,也就是伦理学出处。因为,道德实践有效性完全取决于道德主体内在的自律程度,或者外在的他律的强制程度,这最终还是取决于其文化内质,取决于一种文化所属的意识形态和价值观念,这是无可置疑的。其中的关系是:意识形态决定了价值体系、价值观念,通过社会组织结构这个中间环节最终决定

---

① 杨国荣. 伦理与存在 [M]. 上海:上海人民出版社:2002:35.

第三章 社会结构和道德实践以及道德有效性关系辨析

了道德规范的合理性和实践的有效性问题。这个论题很重要：因为价值观念、道德标准和道德实践有效度决定了这个国家、社会的正义性和社会文明、清明程度。这个命题之所以是很重要的，因为这是伦理学讨论的起点、原点，也是最终归宿之一。正像麦金太尔所说的，"如果没有明确说明某人具有这种那种义务或责任，我们就不能说明他最低限度的社会身份"。① 这样的关系"意味着我们永远可以提出另外一个问题，即：这种社会的延续是好事还是坏事"。②

所以，我们可以看出——下文将要继续论证——在意识形态、伦理观念和道德实践有效度问题间起着决定性的桥梁作用的是：社会成员在社会结构中的权利义务和社会责任之间的关系，也就是社会组织结构的性质问题。

在这个问题和原理上，中国古代在相关的讨论中就有了某种意识或者发现。顾炎武先生在《日知录》第十三卷"正始"条中有一段著名的论述：

> 亡国与亡天下奚辨？曰：易姓改号，谓之亡国；仁义充塞，而至于率兽食人，人将相食，谓之亡天下。……是故知保天下，然后知保其国，保国者其君其臣，肉食者谋之；保天下者，匹夫之贱，与有责焉耳矣。③

从顾说中可以看出几点：一是"灭亡"有"亡国"与"亡天下"之别；二是"仁义"之道德准则并不高于生存法则；三是在中国古代

---

① [美]阿拉斯代尔·麦金太尔. 伦理学简史 [M]. 龚群，译. 北京：商务印书馆，2004：174.
② [美]阿拉斯代尔·麦金太尔. 伦理学简史 [M]. 龚群，译. 北京：商务印书馆，2004：175.
③ 陈垣. 日知录校注 [M]. 合肥：安徽大学出版社，2007：722—723.

49

社会那个时代里,君、臣、民对于国家责任和义务的认识是不一样的,二者并不重合;四是政体有变(亡国)源于道德沦丧——"亡天下"。

在此,顾炎武已经敏锐而深刻地意识到了这一点:社会秩序的大乱、礼坏乐崩,源于道德秩序的失序和崩溃。所以,他得出的结论是:保持住良好的道德秩序人人有责。但是顾炎武只是进行了道德倡议,而没有进行逻辑推演。

而我们则可以顺着顾氏的逻辑进行意义延伸,则就可以推导出:在中国古代某个特定时代的道德规范的理想性和道德实践结局是不一样的。也就是说,中国古代至少在历史的某一段或者相当时期内,各个社会阶层的道德观念、道德标准是双轨并行的。而原因和结果自始至终都是一个:道德主体对社会权利和义务的认定、勘界和衡量标准不一样。

在更早的春秋战国时期,荀子就已经深刻地意识到了这样的社会结构问题:

> 故王者富民,霸者富士,仅存之国富大夫,亡国富筐箧,实府库。筐箧已富,府库已实,而百姓贫:夫是之谓上溢而下漏。入不可以守,出不可以战,则倾覆灭亡可立而待也。故我聚之以亡,敌得之以强。聚敛者,召寇、肥敌、亡国、危身之道也,故明君不蹈也。[1]

荀子在这里既是告诫也是在证明:如果王者把权力非义使用,就会导致社会财富错位集中,那么民众对于国家责任的认可就令人忧虑了。最终的结局也就是荀子所说的"亡国、危身之道也"。荀子

---

[1] 荀子. 荀子[M]. 安小兰,译注. 北京:中华书局,2007:78.

所力图证明，造就这个结果的前因首先就是社会结构失衡——社会成员的权利义务关系严重倾斜。在受到生存威胁的情况下，道德主体就会失去道德感，随之就会导致整个社会的道德失范，最终社会组织结构失序。只是，荀子对于自己法家式的儒学理论的可靠性也很犹疑：他把全部的社会责任赋予了王者——明君，包括构造理想化的、平衡性的社会结构组织，但是二者之间的"意图伦理"与"责任伦理"关系是那么的不确定。对此，笔者曾另著文述及。

对此，杨国荣先生的看法是：道德主体应该在社会结构组织中先有义务，后有权利。"道德的担保涉及多重原则，其中基本或核心的主要是两条，即正义原则与仁道原则。正义首先意味着对权利的尊重，具体而言，他要求公正地对待和确保一定社会内每一个人的应有权利。"[①]"享有权利表明有理由要求他人尽义务，换言之，我对他人拥有权力意味着他人对我具有义务。"[②]

杨先生的这种说法恰恰就是难以解释的"忠道"，是把权利当作了先在的条件。这是很让人有所疑虑：权利逻辑在先理应成为社会常态，但它不是凭空来的，它不是无根之木，无源之水。如果没有"义务"这一端，也就没有"权利"这个对等、对称的另外一端，二者应该是相与并生的——就像没有生也就没有死，没有高也就没有低一样。权利义务间的"今在性"关系是：社会成员先享有权利，后尽义务。这也就是自然形成的自然法。但这是道德历史发展的结果，却不是本然性的起因。从道德发生学角度来说，义务在权利之先，人类进入文明时期才发生分野：一是道德主体权利、义务同步

---

① 杨国荣. 伦理与存在［M］. 上海：上海人民出版社：2002：52.
② 杨国荣. 伦理与存在［M］. 上海：上海人民出版社：2002：85.

并进的，不分先后；一是权利义务相分离或者比重发生倾斜。此后的人类文明发展过程中，权利和义务这两个社会学主要元素一直都在相互作用、振荡前行，直至今日仍是犬牙交错。这是一种社会文化发展的历史和逻辑自在进行的过程。

其间有一种"自然权利"学说甚嚣，它也是一种社会契约论，在此应该需要着重声明：我们强调它，不仅要看它的重要性，更要看重它是一种历史文化的结果——也就是说，它是一种文化进化和自然演化的结果，这个结果就是："个人具有什么样的目的、需要、价值，将取决于他所属的社会制度的性质。"①

在这个问题上杨国荣先生偏爱引用康德的有关于"重义务轻结果"说法的论述，但是我们一定要注意康德学说的适用范围，这一点是极为重要的。这也是西方文化逻各斯中心主义、理性主义历史自然演进的结果。所以，"邓晓芒说，在上述理解模式中，康德的理解模式最适合于成为'全球伦理'的基本原则。但这种理解模式也有其局限性，即它的基础是人的理性，但理性原则并不一定能起主导作用，而且在将来也不一定起主导作用"②。

正是有鉴于此，所以麦金太尔本人也有意识地着重说明了："这是一部西方伦理学简史，而不是一部伦理学简史。"③

文化内容不一样，结果自然不一样——无论是什么结果，包括

---

① [美]阿拉斯代尔·麦金太尔. 伦理学简史 [M]. 龚群，译. 北京：商务印书馆，2004：212—240.
② 余冠仕. 当今世界需要什么样的道德律令 [N]. 中国教育报，2001 - 11 - 1 (7).
③ [美]阿拉斯代尔·麦金太尔. 伦理学简史 [M]. 龚群，译. 北京：商务印书馆，2004：7.

道德伦理，社会意识，社会机制的运转，社会组织结构及其内部各要素之间的关系。

二、社会结构关系和道德类型的划分

如果要追根求源，如果要准确考量意识形态和道德实践中的有效度之间的关系，就必然首先要考察连接二者的桥梁的性质和特征：社会组织结构的特点，并在其间深切考量权利和义务之间的逻辑关系，这样就能比较容易地看到道德原则的正义性问题和它的实践有效性问题之间的关系及其根本渊源之所在了。我们确信，确实存在着在国家意识形态——伦理准则——社会组织结构——道德实践——道德有效性这个因果链条，并且，不同的社会体制和社会结构，这个链条的秩序是不一样的。如前揭：意识形态的性质决定了道德有效性和有效度。

国家意识形态和与之相对应的组织结构大体可以区分为宗教型和世俗型两种。我们之所以要做这样的外延划分，是为了更好地清晰地对比说明：社会组织结构在道德原则确立之后的道德实践和道德有效度这个问题上是如何起着决定性作用的。

这两类社会的道德实践状况不尽相同，起因基本上就在于伦理准则有差异，这样的不同甚至是根本性差异。宗教型道德实践源于宗教信仰中的道德自律，就像赵敦华所指出的："金律的主导作用，是依赖宗教信仰以及与之相适应的一些形而上学的理论体系，比如象古希腊的哲学，基督教的信仰，这是在西方。"①

我们考察、研究一种理论必须要尊重的规则之一就是考察其适用性、适用范围。就赵先生这个观点来说是很有道理的：在宗教信仰的区域范围内的信仰群体，这样完全出于自律的道德实践者，他们在信守道德律方面具备很强的稳定性和有效性特征——尽管从伦理学历史角度来考察，宗教型道德类型的道德实践其实并不完美，可能存在着这样那样的问题，或者即便是道德原则本身可能也存在着种种争议。因为宗教信仰对人们的心理有着极强的控制力，因此，宗教教义所主张、所规定的伦理规则对信众有着很强的约束力，所以即使社会状况发生了什么样的变化，其心理惯性也保证了这样的道德实践基本不会发生比较大的扭曲和错位。比如，按照陈鼓应的归纳显示，基督教文明历经天启神学、经院理性神学、道德神学和浪漫神学等几个阶段。但是在我们看来，无论哪个阶段，其道德伦理的可靠性和稳固性都是一以贯之的，基本没有发生过大的波折。最多的就是教派间的小规模冲突而已。目前的伊斯兰世界面临的也是这样的类似的问题。所以，我们可以惊奇地发现，亨廷顿所预言的宗教文明之间的冲突几乎是昙花一现，二者并非是势力对等的、对称地发生，相反倒基本是倾斜式、压倒式的和平过渡，甚至同化的迹象更为明显。

宗教伦理的平稳性这个特点，保证了国家意识形态——伦理准则——社会组织结构——道德实践——道德有效性这个因果链条的有序性、完整性和确定性，至少我们从至今为止的历史结局看是这

---

① 赵敦华. 金律、银律、铜律、铁律——北京大学哲学系赵敦华教授在法政学院的演讲. [EB/OL]. 豆丁网，2003 – 09 – 19.

样的。(当然了,此处对于国家意识形态的性质的评析作另题来搁置,暂不做讨论。)之所以如此,就在于宗教社会的道德主体在道德实践上均是自觉、自律的。道德主体在内心有神学强制力量的监督下,经过漫长的历史沉着、固化形成了理性或非理性的社会契约。而一般说来,在世俗社会中,伦理规则要经过社会综合文化的不断持续地反复过滤、磨合方能基本稳固,且尽管如此结局仍然是不明朗、不确定的。而如果是绝对专制社会,那么还要与社会意识形态和历史文化紧密结合,形成强势精神控制力量——这样的伦理架构其实是更脆弱、更难以预测。从原始部落直接进入现代文明往往如此。在这方面,马基雅弗利的理论具有完全适用性。"伦理学与政治学的分野是建立在私人生活和公共生活严格区分的基础上的……国家权力在不断增长,这种权力越来越多地影响普通公民,影响他不得不进行的道德选择。"①

其所以如此,就在于世俗社会的道德约定的强制性并不在内部,而是根源于"他律",其基本准则是"铜律",即赵敦华所说的"对等原则"。所以依赖于外在因素予以制约的世俗社会的道德准则总是难以固化、内化,在操作实践上的稳定性、有效性都是很有限的。就道德载体的心理来说,"他律"就是道德主体在整体道德参照系里对比而行,一般在有序的社会情形下或许尚能正常运行;但是世俗道德是因变量,它的稳固性取决于社会状况这个自变量——这就决定了社会秩序一旦发生剧烈震荡或者溃堤,道德结构就会同步发生崩溃的危险以至于可能会导致整个道德体系彻底解构或颠覆、崩盘,

---

① [美]阿拉斯代尔·麦金太尔. 伦理学简史 [M]. 龚群, 译. 北京:商务印书馆, 2004:180.

也就是顾炎武所指出的伦理逻辑：先"亡天下"，才导致了"亡国"。

所以，在意识形态、价值观和道德准则、道德实践之间存在着"社会组织结构"这个桥梁连接关系和因果关系在其间发生平衡作用：社会结构的有序性决定着后者的稳定性。可能导致道德失范、道德实践溃堤的原因就是社会结构的社会权利与义务、责任之间发生错位，或可说是社会主体的社会义务付出与收获之间的不对称，它会造成一种这样的社会情形：道德主体间的关系冷漠和对社会生活的不负责任——因为所尽义务却不能换回对等的权利，那么这样的义务付出就是被动性的。若久而久之，价值观念则很可能会逐渐滑向极端世俗：以"我"为中心，私利至上。这样的价值格局所造就的社会道德架构就是"差序格局"，这样的格局所具有的一个显著结局就是社会结构的凝聚力弱化。其实，"差序格局"就是一种道德他律的世俗化的权利格局，权利决定结构秩序：权利失位的话，格局就荡然无存。以此，中国古代先知们往往担心这样一个问题：社会道德的稳固性、有效性会和社会秩序的稳定性形成互为因果的关系：要么共同繁荣，要么同归于尽——这也就是赵翼在《廿二史札记》里所忧虑的"灼木攻蠹，蠹尽而木亦焚也"的可能性情景。这也是《春秋公羊传》的主题之一。对此，刘小枫的论断是："革命的前提正是：德与位的分离。若德者在位的话，革命是没有理由的。革命因于德者应当为王而没有为王。于是，在道德与政权之间就出现了张力，这本是自孟子以来讨论汤武的义与不义的主要动源。"[①]

在国家意识形态——伦理准则——社会组织结构——道德实

---

① 刘小枫. 个体信仰与文化理论 [M]. 成都：四川人民出版社，1997：515.

践——道德有效性这个链条中,作为中段的、起着实际支撑作用的桥梁纽结和过渡的,是一种基于社会组织结构基础之上的社会价值观念,其实也就是道德主体的社会观念:我的付出和我所应该收获的相应的成果之间应该呈正比例关系。这也是一般社会情形下,人们正常的社会心理预期。所收获的成果的表现形式就是社会权利:最低要求是人身安全保障和劳动产品、物质产品的基本所有权;然后就是享受某种程度的社会福利和公共权力。换言之,一种社会组织结构既决定了道德主体在何种程度上决定是否能够支配自己的劳动力和在什么程度上支配自己的劳动力,同时也决定了道德主体的道德意愿和道德价值取向。

前述荀子所描述的情形,恰恰证明了一个人的付出和收益在某种情况下可能是不成比例的,甚至是反比例的。此种情况下,道德风气就有可能是世俗的、物质性的,也同时蕴含着道德准则和道德实践的不可靠、不稳固的含义。也就是说,道德秩序和社会秩序的趋向是同方向、同比例的。(当然,社会秩序的稳定与否并不完全取决于社会道德状况,或者说并非是前因,但这也是决定性因素之一。)这种权利义务相分离的状况也隐含了:即使社会道德标准如何明确、如何确定,但是道德实践却具有随意性、随机性的内在固有因素,与之并生的是杨国荣先生所担心的社会凝聚力的问题和道德实践秩序的含混、复杂、不稳定:"社会认同和社会凝聚同时关联着社会体制及社会秩序的合法性问题……合法性则更多地涉及社会成员与社会系统之间的关系。"[1]

但是如何使得世俗社会的道德理想、理性趋向于宗教社会那样

---

[1] 杨国荣. 伦理与存在 [M]. 上海:上海人民出版社:2002:34.

的金律和银律在社会肌体构架中所起到的主要作用,这是一个重大的社会文化、政治结构和制度命题。也就是说,首先要解决社会架构中权利和义务的平衡、适应问题,或者整个社会构成主体的角色分配问题。当然这个问题也是历史性的、文化性的哲学命题。要么,就要反推:解决作为道德源头的意识形态问题。

与之可资比较的是古希腊柏拉图《理想国》的"正义论":君主、臣民以及社会阶层各尽职责,完成均衡、秩序化的社会组织结构。正如杨国荣先生所指明的:"相对于中国传统道德对仁道以及仁道的特定历史形态的关注,西方的伦理传统更多地强调公正或正义。"[①] 只是,两希文明的"正义论"传统正是根源于其国家意识形态、社会价值观念,而它的支持力、内在动力却是来源于宗教信仰,超道德的精神力量;这样的社会形态,所造就的下游的道德实践一定是秩序化的,更是理性的。

就中国上古时代来说,在荀子著书立说之前,社会发展方向就和古希腊几乎完全不同,那个轴心时期的三大文明走向了具有各自独立品格的道路,当然,也产生了完全不同的历史结局。中国的上古时代的亚细亚生产方式经济基础,决定了上层建筑中的社会结构、组织秩序和运转方式完全是世俗化的。从社会生产力的组织方式来看,有一个很重要的特点就是:社会成员的社会权利义务的分配和享有状态就和古希腊根本不同。与之相应,意识形态、价值观念、道德准则和规范也迥乎相异。这就是作为中国古代的国家结构、家族元素、基层组织结构基本秩序的"差序格局"——在"人伦纲常"道德领域中明确道德规则的根本是:人际关系是呈阶梯状的,

---

① 杨国荣. 伦理与存在 [M]. 上海:上海人民出版社:2002:35.

是有层次和差异的，且这种差异是以"家—国"模式外扩的，以自我或者权威为中心，按照血缘关系和社会关系为依据来确定亲疏、远近和利益关系，因为也只有类似于血缘关系、亲属关系、师生关系、上下级关系等才可能更为可靠，更能保证自己特定的社会权利和这样的权利所带来的利益的确定性、稳定性和可靠性。反之，就是道德沦丧了，人伦秩序大乱了，最终国将不国了。

差序格局也是中国古代儒家设定的人伦规范的最初、最根本出发点："家"与"国"是同质同向的，意味着君君臣臣父父子子社会等级制是社会人伦的核心，此谓"礼"，也是"纲"，它是第一规则、元规则。而其他准则，不管是"仁爱观""忠恕观""孝悌观""仁义礼智信""温良恭俭让"等等，皆是"纲"之"目"，是礼制的辐射和外扩，是为前者服务的。所以对于异于己者的不同见解、不同学说，孟子一概毫不犹豫地严厉指斥之为"无君无父，是禽兽也"。

"家—国"社会结构模式对应着"君臣—父子"纲常伦理关系模式。在社会"家—国"组织结构的顶端——君臣伦理关系，同似于"孝悌"父子关系。皇统、政统和道统间的伦理准则是倾斜式、不对等的：权利掌握在"皇统"中，职责和义务则在于"政统"，"道统"实际上仅仅作用于"政统"，这也就是中国古代的制式"法统"，所以似是独立的"道统"却存在着随皇统伦理跟进的尴尬状态；与"家—国"同质同构的规则模式是"父—子"人伦伦理：父慈子孝，但是"慈"与否并不关乎"孝"之道，因为"孝悌"是无条件的。这就是"忠孝"的伦理内涵："君臣—父子"社会伦理基本准则都是一种权利、义务相分离，或者完全不对等的伦理准则。

这也就是解析中国古代道德准则和道德实践状况的最终根据和源头。

所以，在一般世俗社会中，通行的道德他律原则基本植根于其社会结构自身，也就是社会成员之间的权利和义务往往是不对等的社会组织结构，这也是世界历史中世俗社会道德实践状况的一大重要特征（当然也有一个震荡前行的趋势）。需要附带说明的是：道德状况、社会文明程度和经济发展水平并不直接挂钩，或者说发展并不同步，前者与后者并不产生必然的联系，也不一定呈正比例关系。这也是宗教社会和世俗社会之间的重要差异之一。

除却上述宗教社会、世俗社会道德类型之外，笔者认为还有游离于二者之外的哲人型道德范式可以为之一说。正像麦金太尔所指出的那样："亚里士多德的悠闲和完善的抽象沉思的生活理想，仅仅只有少数社会精英能够达到。它的先决条件是：存在着一种从政治权利、也从道德理想上把普通大众排除在外的阶级结构。"[1]

笔者概略地总结出哲人型伦理所具有的三大特征。

第一，他们都是人生哲学、道德哲学的探索者、制定者、代言者、批判者、终结者和践行者，其自身信守的和主张的伦理准则具有终极性和理想性、榜样性特征，基本不受世俗伦理的影响。

第二，他们的行为模式也都具有践行的独特性，甚或完全不受世俗规范的影响、不受哪怕是自己所制定的规则的约束，也就是"言行不一"，或者知行不合一。

第三，私德性。哲人的个体行为准则不受外界影响，也并不都尝试影响世界，而是完全沉浸在象牙塔或者彼岸世界里，因此他们

---

[1] [美]阿拉斯代尔·麦金太尔. 伦理学简史 [M]. 龚群, 译. 北京: 商务印书馆, 2004: 143.

的行为和内心的规则不具有普遍性的示范意义，此岸世界也无法效法和模仿。他们自己所信奉的伦理准则也并不要求社会普遍信奉和遵守，当然后者也无法做到这一点。

这样的人群既包括哲人群体，也含有达到类似于佛教"觉悟者"所进行的"澄明境界"的修炼的人们，以及普通世俗社会生活中的"自我实现者"等。另外就是自觉不自觉地已经达到了冯友兰所谓的"天地境界"的涵养修为的人们。

古今中外都存在有在某一段特殊、特定的历史时期，特定的地域性或者规模性产生哲人圈的奇特现象。诸如轴心突破时期的古希腊和中国春秋战国时代，以及古典哲学末期产生了康德、黑格尔、歌德、谢林、费希特等哲学巨匠的德国。

在中国古代则另有魏晋玄学的士林阶层或名士圈构成的哲人圈。

到了北宋，则由于历史巧合而产生了"二程"、周敦颐、邵雍和张载等几位哲学巨匠互相往来的哲人圈等。对此，在《中国哲学简史》中冯友兰也是甚为惊奇和感叹。

近现代史上，又出现了近似于百家争鸣的情形，并同时涌现了一大批哲人群体，有的学说至今余绪未绝。这就属于"时势造英雄"特定历史氛围的产物了。

哲人等人数虽稀少，但它的精神能量却甚为巨大，具有极强的道德引导作用和历史影响力，能在相当长的历史时期内产生强大的辐射作用和深远的影响力以及特殊的感召力。哲人群体的产生就更是这样了，影响力更为明显，更为深远。

三、结语

不管是世俗型伦理,还是宗教型伦理,也不管是哪一种宗教伦理,或者是世俗伦理,都有着其内在的逻辑演进进程,都与其特定的历史文化息息相关,和它产生的社会制度、社会组织结构、意识形态、价值观念等历史文化并生并存。因此,我们要掌握它、解读它,甚或是要解决这样的问题,也就必须从其渊源入手,而不是相反;如果不去溯源而妄下结论,就会造成阐释的不负责任的随意性。正如杨国荣先生所言:"如果考察道德演进的现实形态,则不难看到,普遍规范的形成,往往表现为一种历史的选择:一般规范或规范所具有的相关内涵,总是在不同层面上、以不同的方式折射了社会演进过程中的历史需要……"[①]

[①] 杨国荣. 伦理与存在 [M]. 上海:上海人民出版社;2002:215.

第四章 试论社会结构有序性和道德有效性的关系问题

——中国古代社会组织结构和社会伦理结构的基本关系及其特征

如前述,在社会政治和社会伦理中所存在着的"社会意识形态—社会价值观—道德规范—道德实践—道德有效性"这样一个具有因果逻辑关系的线性结构,末端的道德有效性既反映了最前端的社会意识形态以及价值系统的性质和历史文化意义,也能充分反映一个国家的社会生活整体状况。而最终决定道德有效性、有效程度的是社会组织结构,因为社会组织结构及其机制运转的有序性、有效性,决定了一个社会群体中社会成员的社会角色和地位及其历史合理性,同时它也造就了社会成员基于这样的社会组织结构的某种特定社会心理和社会价值观念以及伦理观念,并最终决定了维持这个群体社会组织有效、有序的道德规则是否有效,以及有效程度如何。即社会组织结构的性质、运行机制决定了该社会公众道德心理、道德实践的整体状况,组织机制的有序性指的是道德主体的社会责任与社会义务之间是同向同比例关系。以此作为参照系,可以考察古希腊、古代中国等各种古代社会形态的价值系统、道德规范、道德实践的性质,及其是否具有有效性、稳定性。依例可推知古老的东方社会的伦理情形取决于滥觞于上古时代的儒家社会构想:建立于"君君臣臣父父子子"之上的具有统属关系、所有制性质的等级制社会结构及其与之相适应的国家体制和宗法制度,以及这样的制度和系统在社会生活实际运转时是否是有序的、有效的。二者具有自变量与因变量之间的因果逻辑关系。

一、中国古代社会结构和伦理原则基本关系特征

人是群体性、社会性存在,为了维持基本的群体生存和生存秩序的稳定和良性运转,首先就要确定具有原初性的社会群体成员之间的相处法则、规则,并以此再确立法理、律令为其规则的强制性措施。所以伦理原则为其法理的基本依据和基础。一般而言,与伦理学相联系的纵向轴上的学科有法学、心理学、社会学、文化人类学等;与之具有横向关系的是意识形态、价值系统、道德规范、道德实践等上下游学科。在这个横向链条之中,在道德规范和道德实践之间有一种特殊关系:道德规范具有历史性和文化人类学普适性这个哲学命题,并且这也是个具有某种程度的理论困境性质的命题。而与之紧密相连的、可资深入探讨的,是伦理原则、道德规范的操作、实践性问题,也就是道德规范在道德实践中的有效性、有效程度问题。这也是一个不被人们所重视的,但是笔者认为其实极具可资讨论性的命题——伦理规范具有什么样的性质,在具体社会实践

中这个规范会被道德载体如何贯彻以及实施到什么程度都是很值得探讨的、具有历史文化深意的题目。特别是在宗教社会和世俗社会，体现出完全是两种迥然相异的状况：以信仰来区分一个社会的主导伦理原则，我们可以划分为宗教原则、世俗原则并对应各自的社会意识形态，我们看到这两种社会形态在社会道德实践中所体现的道德有效性、有效程度是截然不同的。

这个论题很重要，因为通过不同的社会道德规范在道德实践中的不同体现，可以勘察不同的社会伦理状况，从而可以对道德律的人类文化学普适性命题进行延展性研究。

就汉民族这个古老的族群生活共同体而言，作为世俗文明的社会生活主体群落，在特定的历史和自然、气候等地理环境条件下，历史性地选择了儒家学说作为维护集体生存的伦理原则。笔者很愿意一再强调：这是历史的必然。很久以来，有很多人把它归因于某个历史机缘、某位君主或者历史上的某位、某些士人学者，这很难说是公正的、令人信服的观点。至少，在漫漫历史长河中，在复杂诡异的社会生活秩序的历史变幻中，很难想象它能为某一人或者某个少数群体可以操控、可能完全掌握，不管他有多么大的权力和能量。这是整个群体"共同选择"的结果。因此，无论是功还是过，秦始皇或者董仲舒还是程朱、陆王或者其他什么人，作为个人都不应为此单独享受荣耀或者承担责任。

正如冯友兰先生所言，这是一个深刻历史背景下的总体历史趋势："秦皇、李斯行统一思想之政策于前，汉武、董仲舒行统一思想之政策于后，盖皆代表一种自然之趋势，非只推行一二人之理想也。"①

至于为什么上古时代华夏民族会如此选择，或许这原本就是一个很难解释的艰难命题。但是，至少有一点是可以肯定的，作为一种历史文化的重要结果，上古历经中古直至近现代的儒法社会伦理准则和儒道信仰伦理法则、主要核心观念或者说是"内道外儒"机制或"阳儒阴法"规则，则有着强大的生命力而一直在作历史传承和沿革，尽管其间有复杂的波折和嬗变。就社会秩序组织方面而言，儒家的伦理观念承担着平衡社会成员之间权利与责任的至高无上的地位与角色，而法家的治世观念则起着不可小觑的重要的支撑作用——在君权那里是这样的，与政权模式类似的家族权力结构也是如此。作为"儒道互补"之一的道家出世思想更多的是被士人们当作了精神挡箭牌，而非作为终极关怀意义的灵魂栖息地或归宿——虽然在一部分士大夫那里是这样的。甚至于有些名士、士卿大夫在"出"与"处"之间自由出入，游刃有余。自古以来不乏其人。

一以贯之、没有疑问的观点都是这样的：中国古代占据主导地位的核心道德原则出处在于孔孟儒家。历经两千余年，其间虽然有震荡反复、兴衰嬗变，但是线索基本不乱：孔子后，孟子、荀子等以降，至董仲舒、宋明"新儒家"，再直到近现代"新新儒家"，都是沿着这条清晰的线索发展下来的。儒学中，平衡社会关系的伦理规则有很多，但是其核心观念则始终就是"忠孝礼义"，其他规则都是为它服务的。从道德发生学角度解析，我们能发现这样的逻辑线索：这个观念、规则的根本目的和出发点在于维护社会组织结构的有序性、稳定性，并据此建立、确立了牢固的、具有特殊目的的

---

① 冯友兰. 中国哲学史 [M]. 上海：华东师范大学出版社，2000：296.

第四章 试论社会结构有序性和道德有效性的关系问题

"君君臣臣父父子子""国—家"等级制以及社会关系结构的"差序格局",并以此确立"礼"以划定尊卑贵贱的社会地位,决定社会成员的角色分配,并赋予相应的责任和义务。所以溯根求源,"忠孝礼义"就是保障这个群体秩序的第一规则和元规则。

但是,无论是中国古代的道德实践还是社会组织结构,均与西方古代社会(在此主要指古希腊,下文同。但是也与希伯来文化和古罗马社会也有很大的差异,摩尔根的《古代社会》(下)有相关、相应记述)不同。在儒学策划的这个等级制中,历史事实证明,社会构成的各等级之间并不是固定不变的,反而总是处于变动不居的状态中,甚至即使是最高等级也是如此。也就是说,最初儒家和法家都提出了等级制的产生和运转方式,但是都没有意识到:等级制的非恒定性最终会意味着什么。而造成这种等级制不稳定状态特征的,除了社会生产力这个硬件元素,软件设施恰恰是历史上的人们所造就和解读的社会价值观:"儒家意识形态—价值观—伦理观"这条精神文化链条。也就是说,作为共同约定的社会契约,不管是制作这样的伦理观念还是在道德实践上应然性共同遵守这种观念的道德行为,本来都应该具有理想性的恒定性,而历史史实表明其实并非如此。

而且,这种非恒定性还有理论上的依据:这就是与正统儒家学说不同的"公羊素王论"和"五行更替说"等作为谶纬纬书学说而与儒家法理、伦理学说并行的却又是隐性的有关社会组织秩序的政治观念、政治伦理,或者说是社会道德原理的"隐性释义"。刘小枫借用吕宗力的话说:"谶纬神学动辄讲'革命''革政','五德'更代,在社会动乱之际有极大的煽惑力,受到野心家的欢迎,它使专

67

制君主在民众眼中只不过是历史舞台上的匆匆过客。"① 这种学说就为等级之间的变动的合法性，以及等级之间的更迭、互换提供了理论上的依据。尽管事实上即使没有它，社会等级的变动也在不可避免地依次发生。

一般而言，对国家社会现秩序进行规范的伦理规则是正规则，而反规则有两大作用：一是监督、修正、补充正规则，二是破坏正规则。破坏正规则也有两种情况：一是正规则出了问题，二是破坏者本身存在着某种问题，因为它的反作用力并未产生正作用效果。

就"公羊素王论"和"五行更替说"来说，它们就类似于反规则。为什么它们在中国古代社会具有某种程度隐性或者显性的强大生命力、影响力，是很值得注意的。笔者认为应该从根源上来探索。笔者也始终主张，这里面有个契机：在"意识形态—价值观念—伦理规则—道德实践—道德有效性"这个链条上，有个关节点嵌在其间，这就是"社会组织结构"以及与之相对应的运行机制。社会组织结构的运行有正序、正向和失序、反向两种情形后文述及。在此要补充说明的是：各种社会形态的内部有序性、有效性是不同的，有的体现为长期稳定性，而有的则显示为相对有序、有效状态，这仍与其特定的社会组织的内在特质有关。

当然，"公羊素王论"等理论在隋唐之后衰微，但是，理论的取消却并不意味着它的原理或者事实上的消解或谬误，反而是不断在用历史事实来反复证实着它巨大的生命力。

---

① 刘小枫. 臆说纬书与左派儒教士[C] //刘小枫. 个体信仰与文化理论. 成都：四川人民出版社, 1997：566.

二、"社会组织结构"的有序性与道德有效性间因果关系

孔子所设定的"君君臣臣父父子子"这个中国古代伦理法则的著名命题,就是规定社会成员的社会地位和身份、角色的。可资比较的是,柏拉图在《理想国》也有类似的设想:君、臣、民应该肩负与之相对应的不同的社会职责和社会伦理规范。但是,不仅两位哲学家所设定的君臣民的职责和伦理规范有所不同,更重要的是,不同的社会背景使得二者在历史结局上有了完全不同的表现:后者的等级制具有明显的稳定性特征,而前者却是一直在历史变迁中让人充满困惑。

由社会人生价值观念、道德准则和道德实践等线性结构伦理构件组织而成的道德结构要达到一定的稳定性,所赖以维持的基础是社会信仰和与之相配套、相对应的社会组织机制,后者也就是社会组织结构。而不稳定结构,就在于其文化基因必定在这二者之中存在着某种缺憾。这个观点,笔者曾经专门做过论述:世俗社会的基本特征,缺少自律的精神根基,造成这种文化基因特征的根本原因就是社会组织结构这个自变量,决定了社会道德结构这个因变量:"在国家意识形态—伦理准则—社会组织结构—道德实践—道德有效性这个链条中,作为中段的、起着实际支撑作用的桥梁纽结和过渡,是一种基于社会组织结构基础之上的社会价值观念,其实也就是道德主体的社会观念:我的付出和我所收获的相应的成果之间呈正比例关系。这也是一般社会情形下,人们正常的社会心理预期。……一种社会组织结构它决定了道德主体在何种程度上决定是否和在什

么程度上支配自己的劳动力,也(最终)决定了道德主体的道德意愿和道德取向。"①

在这里,有两个关键性扭结问题有必要特别阐明:一是社会组织结构和运行机制;二是儒家世俗伦理在道德实践中的有效性问题。"社会政治学"中所指的社会组织结构,主要探讨的是社会制度、政治管理结构、政府组织形式、社会成员之间的关系(比如人与人在等级制、民主制或者宗教专制等不同社会形态里的特定关系)、社会成员在社会制度、管理层级之中的角色、身份、地位以及相应的权利义务分配等。就本章的主题来说,需要指明的是至少在宗教伦理和世俗伦理中,社会组织结构就显示出极大的差异性:主要是内质性的差异,比如同样是等级制,等级之间的关系很可能存在很大的差异,中古时期的欧洲、印度和中国就是明显的例子。因而世俗社会与宗教社会二者社会之间道德实践的结局就很可能完全不同,这也就随带出第二个问题:儒家伦理理想在道德实践中存在着某种程度的、程朱等西汉之后历代"新儒家"们所要竭力解决的局限性现象。笔者以为,这种局限性除了它源于世俗伦理的普遍现象,这也就是康德在《实践理性批判》里所述的"他律"性质、与道德载体在道德实践中内心源于宗教伦理的"自律"效果是不一样的道德律(且不论其宗教性质,这是另外一个论题),更重要的,它还与社会组织结构有关,也就是前提到的社会成员的社会责任、权利和所尽义务之间的配套问题——如果权利与义务失衡,势必影响到社会成员的道德观念。这一点类似于"自然法",杨国荣在其《伦理与存

---

① 任辉. 论社会结构、道德实践和道德有效性 [J]. 伦理学研究, 2014 (3): 13.

在》中有所述及。这个论断也是"社会组织运行机制的有序性"命题，所指的就是前文所述的责任、义务的正比例关系。而一旦关系失序，道德主体就会首先道德观念收缩、偏斜，进而影响到整个社会的道德秩序、组织结构秩序、生活秩序。

我们看到，中国上古时代的孔子虽然提出了"君君臣臣父父子子"等级制之中的君臣民的职责命题，却并没有意识到或者未述及这个命题的发生学（"应然性"）问题以及随后的有效性（"可然性"）的问题。倒是孟子和荀子分别作了补充，自以为找到了各自所认为的孔子的道德理想应该作为绝对标准而普遍适应于一切社会现实和历史时代的依据。比如孟子就意识到类似于"御民而王""牧民而王"（在社会实践上，其后世的秦始皇其实就是如此而王的现实模板）的危险性，所以就提出了"保民而王"的观点。但是很显然，我们看到他的自命题却是和孔子一样遇到的麻烦是同一个问题：如何保证社会道德主体会依此而行——道德规则的有效性问题。此后的中国古代伦理学历史脉络中，董仲舒、韩愈、程朱、陆王等硕儒们所做的工作，均沿着这个思路继续寻找着维持先人们先定的社会秩序所必须具有绝对权威的最高道德准则的终极依据。

其实，如果所寻找的理论依据脱离了具体的社会现实而要以类似于超验的方法来求得的话，无异于缘木求鱼，这个答案恐怕永远也不会找到。这个社会现实就是：社会组织结构和它的有序性、有效性，它决定了社会成员的社会角色和地位，以及这样的角色、地位的历史合理性，因为它也造就了社会成员基于这样的社会组织结构的某种社会心理和社会观念、伦理价值，并最终决定了道德规则的有效性、有效程度。

如前所引,笔者也曾专文论述过:这个社会组织结构的有序性就是某个社会群体组织所赋予的各自社会成员所应该承担的社会职责是否具有历史正义性与学理合理性,如果是这样的话社会机制又能否依之顺利发挥作用。如果社会组织秩序是合理、正义的,后者所有的一切均会是正向延续和良性运作的。否则,一切都很可能会处于不稳固、不确定状态和恒动中。仍然是因为——前者是自变量,后者是因变量。因为社会主体"所收获的成果的表现形式就是社会权利:最低要求是人身安全保障和劳动产品、物质产品的基本所有权;然后是享受某种程度的社会福利和公共权力。……道德秩序和社会秩序的趋向是同方向、同比例的……权利义务相分离的状况也隐含了:即使社会道德标准如何明确、如何确定,但是道德实践却具有随意性、随机性的内在固有因素"①。

但是,如何使得君臣民能各自在社会组织结构的有效轨道上运行,这个命题具有历史文化性特征,在具体的历史文化情境中很可能是个悖论。

具体说,社会秩序、道德秩序良好的基础是社会组织结构的正向程序性:责权相对应。也就是说,社会成员的社会权利和所尽义务是对等的。如果是做到了这一点,社会成员就会与社会组织紧密结合,前者对于后者就会具有强烈的依附性。倘如此,社会组织结构就是合理、正义的,社会组织、机制就是有序的,社会道德系统也就会随之处于良性循环状态,伦理规范在人们的道德实践中得到有效实施,社会伦理体系自然也就会有所保障。

---

① 任辉. 论社会结构、道德实践和道德有效性 [J]. 伦理学研究,2014 (3):13.

第四章　试论社会结构有序性和道德有效性的关系问题

社会组织结构的反序性或无序性则相反：社会成员责权无关，社会成员的社会权利和所尽义务是不对等的，所以社会成员就会有可能游离于完整的社会机制之外。那么，道德规范就不会植根于社会成员的心理机制中从而转化为道德自律，因之道德规范在社会成员那里就会失去有效性，在道德实践中的社会成员就很可能会成为无道德载体。

与柏拉图设想的古希腊国家君臣民社会结构层级的职、责、权分别对应、社会秩序运行的情形不同，体现在东方古老民族中的历史社会现象是：社会等级制在制度的结构性失序、无序中持续变换，道德体系也始终伴随着这种结构组织状况处于动荡的不稳定状态。这种特定的社会历史状况和伦理叙事有多种途径的折射：所谓的"一朝天子一朝臣""富不过三代""风水轮流转"，所谓的"三十年河东、三十年河西""皇帝轮流做，明年到我家"，所谓的"为官的，家业凋零；富贵的，家业散尽""汝何故生我家""上太忍""绝怜高处多风雨"等等不一而足。

这些名言名句或者民谚，可以看作是"谶纬书"取消之后的、与"经书"政统显性解释权相对的民间亚文化系统的"隐性解释权"的隐晦表述。所以刘小枫解释"谶纬学说"遭禁的原因时说："五德循环论的政治理论，不仅对于帝王是危险的，对于文吏官僚也不利。一朝天子一朝臣，循环统治论会使文吏官僚失去稳定性。"[1]

所以，身处权力金字塔顶端的社会阶层享有较大的社会权利、配享较多的社会资源，因而相对来说，在这个系统中的道德规则还

---

[1] 刘小枫. 臆说纬书与左派儒教士 [C] //刘小枫. 个体信仰与文化理论. 成都：四川人民出版社，1997：566.

是基本有效的。为什么说是基本有效，这还是和历史文化有关：因为即使在统治阶级内部，责权也是相对对等、相对稳定的。而不对等、不稳定是绝对的，因为社会阶级层次是流动、变换的和非恒定的。所以作为因变量的伦理规则即使是在社会结构的高层也处于非恒定状态。身处这样非常不确定的社会情境中，其心理自然也会出现相对应的道德预设：对于自身来说，既有的伦理准则的有效性是相对的，可以有约束力，也可以全无。这就是伦理准则的适用性、适用程度和它的有效性、有效程度问题。

在此种情形下，即使是居于社会顶端的阶层，一旦倒转乾坤，他们被迫降入权利金字塔的低端，而成为被统治阶级一方，其社会组织成员的社会角色的定位同样是责权分离的，同样不具有社会主体地位，道德感也同样会同步削弱很多，甚至全无。这一点也是所有社会成员所默认的。所以才有前述的顾炎武的"肉食者"和"匹夫"之别，也就是他在《日知录》第十三卷"正始"条中那一段著名的论述：

> 亡国与亡天下奚辨？曰：易姓改号，谓之亡国；仁义充塞，而至于率兽食人，人将相食，谓之亡天下。……是故知保天下，然后知保其国，保国者其君其臣，肉食者谋之；保天下者，匹夫之贱，与有责焉耳矣。①

其实我们看到："肉食者"和"匹夫"之别的起因在于"国"与"天下"的区别。我们也可以进一步推理：一旦乾坤倒转，"肉

---

① 刘小枫. 儒家革命精神源流考［C］//刘小枫. 个体信仰与文化理论. 成都：四川人民出版社，1997：722—723.

食者"和"匹夫"的社会角色互换了以后，社会责任也会同步变化。这样的特定的社会现象，根源于特定的历史文化：特定的历史文化内质决定了东方社会组织结构的极其复杂性和不确定性，因变量社会道德体系也时刻伴随着它，并随之不断重复建构。

历史早期作为大系统的社会王朝整体更迭有阴阳家的阴阳五行学说作为理论根据，作为子系统的社会阶层的流动性，自从商鞅变法之后便作为社会主要制度之一流传下来，其合法性是不言而喻的。

只是，作为社会组织大系统的王朝和子系统的主流阶层是如何失去法理性的，历史实践和历史哲学都同样是极具争议色彩的。

我们往往看到中国古代历史常常出现的一种惯常现象：由于内因或者外因的作用，再或者内外交困，以至于最高层权力削弱乃至失控，致使礼仪天下者伦理失范，会直接导致社会结构混乱和社会基础被削弱甚至崩溃。随之，士卿大夫或民间在野者就要因之而尝试寻求变更政治权力结构，以重构社会组织新秩序，恢复本初的、实际上规范作用很受历史局限性的道德法理系统。比如孟子的"闻诛一夫纣矣，未闻弑君也"这句话，直接把任何当政者都置于道德审判台之上，也有意无意中暗合了非正常时期挑战原秩序的民间伦理和大众们的社会心理，或者成为其非常规行为的理论依据，甚至有时会成为一种历史心理常态、集体无意识——甚至即便在和平时期。

对此，刘小枫有独到的见解："革命的前提正是：德与位的分离。若德者在位的话，革命是没有理由的。革命因于德者应当为王而没有为王。于是，在道德与政权之间就出现了张力，这本是自孟子以来讨论汤武的义与不义的主要动源。"①

究其实，这个"德"也就是作为君王的"责权利"的对等性原则，也就是困扰着历代哲学家们的如何确保君主规范王道行为的社会哲学命题：面对"汉家自有制度"硕儒们是如何的束手无策。

其实不仅仅是汉家自有制度，我们看到其后历代王朝也各有制度，主线就是"阳儒阴法"，只是文化结局不同：法家的学说和理想，随着封建性的日益加深越来越接近其最原初的"王制"国家、社会结构设计，封建王朝社会组织结构渐趋成熟，也更加稳定。

这就是世俗社会"社会组织结构"的有序性与道德有效性的基本关系。不得不额外多言的是另外一种情况：某一个社会群体的社会组织结构很可能基本完整有序，但是社会道德实践依然显示为道德无序状态，更准确地说，是道德系统很脆弱。这与特定的社会民族历史文化有关。也就是说，道德体系建构的成熟程度，与这个社会的历史文化的根基有关。社会主体和社会组织机制这个配套设施本来就是双线并行的，具有复杂的关系背景。社会肌理的完善依赖于社会主体和社会组织结构系统的紧密、良好、有效的结合，而这需要的是历史文化的积淀和精神能量不断而繁复的有序化更新。

三、历史文化的伦理学学理意义

如前所述，与柏拉图设想的古希腊国家君臣民社会结构层级的职、责、权分别对应、社会秩序有序运行的情形不同，体现在东方

---

① 刘小枫. 臆说纬书与左派儒教士 [C] //刘小枫. 个体信仰与文化理论. 成都：四川人民出版社，1997：515.

古老民族中的历史社会现象是社会等级制在制度的结构性失序、无序中持续变换，道德体系也始终伴随着这种结构组织状况盈亏浮沉。比如孔子的道德预设与柏拉图所设想的社会结构的君臣民权责关系完全不同：他的设计"君君臣臣父父子子"最终导致的是"国—家"金字塔权力结构模式，君臣民三者之间是上下具有所有制性质的统属关系，最低限度是隶属关系。

而柏拉图的设计则是：君臣民社会关系和社会责权是平行的，三者只有一点是交叉的，那就是"责任独立式""意图伦理"——对于社会或者他人的付出与贡献，也就是只对自己的责任负责。这一点很有意思，因为这和后来的宗教伦理是基本重合的，或有很大的相似之处。

世俗社会的社会组织结构所配套的价值系统和宗教社会的伦理观念、道德实践完全不一样。"仓廪实而知礼节"，这句话充分体现了世俗社会道德基础的脆弱性——道德有效度基本建立、维系在物质基础上。这样的道德生发原理、道德心理也启发了后人以"饿死事小、失节事大"之"理"的伦理准则再思考、"新儒家"道德生发体系再造的欲望——仓廪不实也要知礼节。而这有关道德有效性、有效度前后矛盾的表述，也体现了人们对于道德有效性的深深的忧虑。

世俗社会的伦理特征，是从社会结构体系中生发和表现出来的，所以也要从历史文化积淀中去解读、辨析，而不是想当然或者断章取义。在这一类的学理问题的研讨上强调这一点很重要。就像是要研究一棵大树中间的横截面，如果探寻其纹理或者生长健康状况，不能走向树梢、果实，而只能从树根、土壤着手。同理，研究某一特定的历史文化，只能从历史文化这棵大树的根源着眼。比如说，世俗社会的道德体系和宗教国家就有很大的不同，民主社会组织结构与集权社会就迥乎相异。但是不管哪一种社会组织结构和道德体系，只是和它的源头紧密相关。从另外一个角度说，要解决和它相关的问题，也只能从这个问题的文化内质谈起。历史文化在此具有非同寻常的意义——即使不是决定性意义。

这也正是马克思主义的唯物辩证法和唯物史论基本原理的真谛所在。

古代社会的君臣民等一个社会群体中社会成员的政治权利、经济地位、社会角色构成了这个群体的社会组织结构，也决定了这个群体的意识形态、价值体系、道德系统，同时造就了社会各个结构层次及其每一个社会主体的价值观念、道德理念。从因果关系来说，社会组织结构的有序性、有效性决定了该社会组织道德系统的稳定性、道德观念的有效性。

这是因为，首先说在世俗社会的道德实践中，道德主体的道德意愿是受他律、而非自觉自律的。其次，世俗社会中社会成员的社会权利——主要是黑格尔在《法哲学原理》所谓的"物权""财产权"在此具有非同寻常的决定性意义。很显然，在这本黑格尔专门讲法学的专著中，开篇明义先从所有权讲起，然后再联系道德和伦理学，这不是没有原因的。再次，在摩尔根的《古代社会》中，也把物权和财产权作为人类文明进化中重要的基石性要素来做一再强调的。

附加赘言，理解和解决问题不能单独地认识和解决相关和类似问题。借用"耗散原理"来说，新的稳定的宏观有序结构，需要不断与外界交换物质或能量才能维持。作为自给自足、独立运转的生物系统或者社会组织结构系统，外来能量或者借鉴、参照外来能量是对本系统增加活力、维持正常甚至高效运转，是极为重要甚至是必不可少的。所以，世俗社会的道德价值系统，借鉴和参考宗教伦理来对比认识、校正和完善自身存在的问题、增强自身活力应该是很必要的。中国古代对于佛教的引进和融化，对于自身哲学、思想等文化建设就起到了很大的积极的促进和推动作用。

第五章 物权与社会道德心理的杠杆关系原理

"社会组织结构"是"物权"研究的社会学—政治学论域中的一个先在课题,物权(财产权)又是体现社会组织结构所具有的性质的重要表现形式,也是判断该结构性质的核心要素和测定其稳定性架构的起决定性作用的指标。物权属于私权,是权利主体劳动付出所应获得的报酬和权益,也是主体社会权利、身份和地位的象征。财产占有的性质和程序、程度决定了社会成员、道德主体的身份和角色的性质,也能充分显示他在其所在社会群体中所享有的权利和应尽的义务之间的关系,更直接决定了特定的道德载体的社会心理和社会责任感。这个命题具有历史文化特性:在不同的社会形态中,尤其以世俗社会和宗教社会区分最为显著。宗教结构群体的一个重大特征是社会组织结构的稳定性,以及随之的社会责任义务的明确性和物权拥有的确定性、占有过程的有序性,最终使得社会成员的群体性归属感、道德依附感得到强化。与之相较世俗群体结构的一大特征是社会组织结构的运行随机性突出,社会责任、义务的划分有任意性和非恒定性特质，使得社会成员的物权具有不确定性倾向，随之可能导致社会道德心理弱化，缺少社会归属感和生存安全感。

一、物权的逻辑内涵与理论正义

对于社会和自然物质资源、财富以及随附的精神产品的占有形式和性质，就是所谓的"物权"或"财产权"。它是一个历史命题：物权既表明了一个人在特定社会群体中的身份、角色和地位，也显示了这个人的聪明才智，甚至是人格内涵；物权，作为人的基本权利，也是伴随着人类文明的不断进步而逐渐清晰、成长、成熟起来的。有时，它也从某一个角度充分反映和显示了人类文明发展的轨迹、线索和程度。这一点也是摩尔根在其《古代社会》著作中、恩格斯在其《家庭、私有制和国家的起源》一文中所一再强调的。

人的"权利"有其基本固定的内涵，比如生命权、物权（财产权）、公共事务参与管理权、信仰权，等等。物权，上位属概念是"权利"。为了更好地厘清二者关系和表述的方便，可以暂且借用人们常说的"私权"（个人私权利）和"公权"（公共权利）这两个概念来阐释。应该说，私权和公权这两个概念在逻辑学上较为模糊，因为既是反对概念（有中间状态），也有概念交叉之处：因为两者在内涵中有交叉的地方。所以这种划分方法并不十分合乎逻辑，但是使用起来还是具有合理之处的。

在法理和伦理领域不涉及他人的、纯粹属于社会空间范围之中"权利主体"其个人领域内应该享有的、个人意志可以无障碍、自由地予以实施的权利就是"私权"，比如生命权。这项权利又有外延的延伸，它包括生存权（生存或者不生存的权利）、婚姻权、生育权等。其附带的精神权利就是人身权，包括名誉权、人格权和保障个人人身安全的权利（免受恐惧的权利）。

其他的基本私权利包含信仰的权利、学习的权利、居住的权利等。私权利在社会主体所应该拥有的权利构成中属于内层，占据核心位置。

私权的一个内在要素是：在个人自我权利与其他人的权利发生矛盾、冲突的时候，只要不主动侵犯、危害别人的权利这个前提条件下，个人自我权利优先。比如婚恋权即是如此。这就是孟子所谓的"权"——权宜之计，无计可施的消极应对方法。

所谓的"公权"应该就是在保障完全享有个人权利而在行使这种权利的时候，必然涉及了他人的、应该是与该权利主体具有同等权利的社会成员的权力和利益，也就是"在公共领域权利主体所共同拥有、享有的权利"，包括参与公共事务管理的权利、集会结社和罢工游行的权利（政治权利）、享受社会福利的权利、劳动权利（经济权利）等。公权在社会主体所应该拥有的权利构成中属于私权的外部延伸、居于外层位置。

在公权和私权概念的内涵之间有交叉之处，也就是说，权利主体在享受个人私权的时候，必然会涉及他人的权利，也就是利益交叉拥有或者权利共享。这种情形有多种，比如外发表个人观点的权利（"言论自由"）、受教育权（社会文化权利）、诉讼权（司法权）、选举权（政治权利），等等。

其中和物权关系最紧密的是"付出劳动并获得相对应的报酬的权利"，即所谓的"工作权"或"劳动权"（这可以看作"免受物质匮乏的权利")。它的下位种概念之中就包含"物权",即"财产权",知识产权等。就物权来说,从这样的概念关系中我们得出两个方面的结论。

一是它和付出有关,即使是受赠或者继承遗产,它最初的来源也是和人的劳动付出有关的。在付出的时候,必然会涉及他人,所以付出和回报的报酬之间的关系比较复杂——或多于或少于,或者基本对等。

二是这样通过付出得来的财产,理应受到保护不受侵犯。因为一旦这样的权利得不到保护,就意味着权利主体的劳动付出仅仅是在尽义务而非同时享有权利,意味着劳动者的工作权利和其他权利一样,不可能得到保障。所以,它能否得到保障,反映了社会主体劳动付出的性质:劳动产品的归属、所有权,决定了劳动付出是享受社会权利还是在尽个人义务,权利与义务之间的关系又是怎样的。

在社会政治学或政治社会学的讨论中,有权利"让渡"与"不可让渡"之说。这指的就是在国家构成中和组织机制运行时,社会成员的权利有一部分权利是必须要"让渡"的、需要委托他人代理行使的。所出让的这一部分权利就是"公权",比如政府权力,因为不可能每个人都要参与具体的立法、司法、外交、军事、社会公益事业服务等国家、政治、社会等事务。

不可让渡的是私权部分,也就是不包含在公权之中的、纯属个人私有的单独权利。因为如果一旦让出自己的诸如物权这样的私权,也就意味着自己的公权也可能失去而不可能享有。因为私权是公权的基础,是权利主体保障其所拥有的社会权利、行使其公共权利的前提条件。从这个意义上说,同性婚恋和安乐死等长久以来困扰司法和伦理界的命题，都属于不涉及他人的、不可让渡的纯粹的私权，理应受到尊重。而能否受到尊重、何种程度上得到尊重，这又是一个历时性的问题。赘言一句："完全不涉及他人"这个判断是个违反矛盾律的伪命题，因为如果果真完全不涉及他人，也就没有"权利"这一说了——权利和义务指称的就是主体和对象间的关系。再者说，它也不符合有关人的类本质特征的叙述：人是社会性的存在。

在私权的法律和伦理道德这两个维度之间出现矛盾而必须做出选择的时候，法律优先。比如婚恋问题可能引发的"出轨"悖论：婚恋自由不可侵犯属于法律问题；忠于爱情、对家庭负责是道德问题，属于自然法范畴。但是法律和道德孰轻孰重，这是个历史问题，也是个民族、文化问题。不过很显然，一般来说法律优先于道德。

再说公权和私权之间的关系。我们说，不管是公权还是私权，所有这些权利都是一个整体、一脉相承且互为因果关系的，基于同一个平台。也就是说，缺少其中任何一项权利，也就意味着其他所有权利的丧失或者削弱。在逻辑关系上，每一项权利都是权利主休享有其所有社会权利可能性的必要条件而不充分——缺失其中任何一项权利，其他的权力都不可能得到保障；同样，拥有其中任何一项或者几项权利，并不意味着可以拥有其他权利。

《中华人民共和国物权法》由中华人民共和国第十届全国人民代表大会第五次会议于2007年3月16日通过，自2007年10月1日起施行。《物权法》的颁布实施有其不同寻常的现实和历史意义。但是有人又把物权的理论意义抬高到了不很恰当的位置：

> 财产权属于人的基本权利，也是其他权利的基础，确立财产权就会产生出其他权利，保护财产权也就会保护其他权利。

财产权包含着公平正义的观念,是建立法治的前提条件。①

应当说,一方面这段论述搞混了权利间的逻辑关系:财产权并不是其他权利的基础,最多只能说是基础之一或者说历史上曾经起到过相当重要的作用而已。而"保护财产权也就会保护其他权利"更是无来由的臆测和论断:财产权和其他权利是互为条件的。另一方面,"财产权是建立法治的前提条件"更是把财产权抬高到了一个脱离实际的高度,夸大了它的法学功能。这个说法应该来自黑格尔的《法哲学原理》,但是黑格尔的说法是有历史根由和明确针对性的。下文另详说。

在人们的各项权利之中,物权的确很重要,但是它的重要性有一个共时性和历时性的问题,也就是其历史发展的不同阶段和物权在现代性权利结构中的位置问题。物权在近现代的法学、政治学的理论出发点是"理性、自由、平等",进入后现代的观念基础是"公平、正义、人道"。

就今天来说,《中华人民共和国物权法》的颁布实施也具有非同寻常的历史意义,对于调整和明确财产的归属和"物"的市场性利用,完善法律体系中的所有权制度、用益物权制度和担保物权制度等等,意义都非同一般。

《物权法》的出台是划时代的,也是应时而出。在我们的日常社会文化生活中"物权"之所以那么重要,还是与历史文化和国情有着息息相关的联系。一方面,在民族历史生产生活中,房产、田产等物质财产在人们的生活中具有不一般的地位,其重要性甚至几乎

---

① 胡洪彪. 财产权中的法理学思想浅析 [J]. 北京广播电视大学学报, 2008 (3): 37-40.

和生命权等同;另一方面,漫漫的历史长河中,最易于受到侵犯的也是这一类的财产;再者,古代社会个体权利和物质资料的双重匮乏使得人们对此异常敏感。所以,对于财产权的渴望和保护意识甚至超越了对生命的重视程度,因为人们的生存基础就是财产,二者的重要性几乎是等同的,二者却又是同等脆弱的。

二、物权的历时性追踪与共时性特性

从"人类现代文明"这个视角来回望人类文明的历史进程,依照摩尔根和恩格斯等哲人的相关原理来考察,可以发现撬动人类文明进程的杠杆是两个决定性要素(内在尺度)和一个标志性要素:两个内在尺度就是人类的心智进化和以劳动为中心的社会生活实践,一个标志性的要素就是"物权"。二者间是因果关系:前者是决定性因素,因为首先是人类的心智进化才导致了人类的劳动生活实践不断发展变化,一则是婚制的变化,由群婚、对偶婚和专偶婚,渐次发展为一夫一妻制;其次是渔猎、农耕,农业等劳动生产活动的充分发展导致了第一次分工——手工业从农业之中分化出来。而所有这些进步,都是以物质的充分丰富为前提和基础的,也是人类劳动实践的必然结果。

所以在这里物权既有标志性意义,也是催化剂:所有的进化、进程都是以这样的物质基础为条件的,所以其重要性不言而喻。

这就是历时性考察。具体来说,物权的历史意义体现在以下几方面的特征。

首先,物质资料的充足、丰富,在人类文明的史前时期促使了婚制的改变和进步,因为有了足够的生产生活资料的剩余,才产生了遗产的继承问题。在这里,两个要素促进了这样的变化:一方面是人类的心智成熟,发现了种族繁衍的生物遗传学的内在问题"无血缘关系的人之间的通婚的好处通过在氏族外进行婚姻的实践而渐渐为人所发现"①;另一方面,与此同时的是生产生活的充分发展造就的物质资料的充分的结余、剩余的财富必然产生所有权归属的问题:"财产的增长和希望把财产传给子女的愿望,是促成专偶制以保证合法继承人和将继承人的数目限制在一对夫妇的真正后裔的动力。"② 只有在此时,我们才可以这样说:物权是人的其他权利的基础和前提条件,并在人类文明史的开初起到了杠杆的撬动作用:"财产在种类和数量上的增加,对于向专偶制方向的却一直施加了越来越多的影响。无论怎样高度估量财产对人类文明的影响,都不为过甚。……政府与法律的建立主要就为了创造、保护和使用财产。"③ 也就是说,只有在这样的历史时期和类似的历史发展节点上,才使得物权成为人拥有其他权利的必要条件——它的重要作用就在于它是人类发展史上首先产生的一项重要的基本权利。同时,它也同时成为一个人在其所在的群体中所具有的身份、地位的基本象征和标志。之所以说在"类似的历史发展节点"上才如此,是因为各个民族的发展状况是有很大的差异的。但是在文明之初,财产权在开创

---

① [美] 路易斯·亨利·摩尔根. 古代社会 [M]. 杨东莼,马雍,马巨,译. 北京:商务印书馆,1995:463.
② [美] 路易斯·亨利·摩尔根. 古代社会 [M]. 杨东莼,马雍,马巨,译. 北京:商务印书馆,1995:479.
③ [美] 路易斯·亨利·摩尔根. 古代社会 [M]. 杨东莼,马雍,马巨,译. 北京:商务印书馆,1995:511.

历史的重要性、特别是造就社会形态这个方面，各个民族和地域却是相同的。分化仅仅发生在文化成熟之后。

其次，私有制、国家的产生也是基于同样的原因：一方面，物质资料的充分发展和足够的结余，才显示出每个人的成就、能力所存在的差异，这样的差异也促使人们的社会身份、地位发生了分化，并进而造就某种形式的社会组织结构和社会成员之间的政治、经济关系：比如"只有能够自由地支配自身、行动和财产并且彼此处于平等地位的人们才能缔结契约"①；另一方面，这样的差异使得多余的物质生活材料的拥有权才有了确定的指向性，并使得这种指向性首先以道德形式明确并最终以国家法律的形式得以确定和认可，"保障单个人新获得的财富不受氏族制度的共产制传统的侵犯……给不断加速的财富积累，盖上社会普遍承认的印章"。②

再者，如前文对摩尔根的历史考察证明：即使是在晚期的氏族社会尚未产生法律的日常生活中，基本伦理也包含着物权和遗产继承程序的内容。

所以，黑格尔在其《法哲学原理》中论述"法的精神"之前，开宗明义首先提出的就是"物权"问题，因为这是道德和法律问题的首件要素。

在其后的人类历史发展中，由这两大要素又衍生出其他的个人权利：诸如生命权、人格权、婚姻权、生育权等。待到所有的现代意义上的人的基本权利得以成立、完善，才意味着人类社会发展到了基本成熟、理性的阶段。在这样的历史高点回顾，物权的重要作

---

① 马克思恩格斯选集：第4卷［M］. 北京：人民出版社，1972：76.
② 马克思恩格斯选集：第4卷［M］. 北京：人民出版社，1972：104.

用才充分显现出来,并且还可以以之作为一个重要标尺来衡量人类文明历史发展进程之中的种种文化现象,对比各个民族历史进程中的演进轨迹,检测文明进程的得失、利弊。

因而在历史上物权对于人类文明的开启和人类文明发展进程中所起到的作用,几乎是决定性的,这一点摩尔根和恩格斯都给予了高度的、非同寻常的评价,并分别得出了意义非凡的结论:摩尔根在其《古代社会》里指出,自始至终都是由掌握社会财富的富裕阶级控制政府的,于是"财产已成为压倒一切的因素……创造财产、保护财产,便成为政府的主要目的"①,甚至"财产力量之强大,从此开始足以影响社会机体的结构"②。恩格斯在《家庭、私有制和国家的起源》一文中认为,也就是由此产生了国家,因为需要有一个机构来确保公民的私有财产,并使得"私有财产神圣化,并宣布这种神圣化是整个人类社会的最高目的"③。

权利是人类从野蛮、蒙昧到文明历史进步的重要标志,或者说几乎是唯一标志,这也并不太过分。至少在康德看来,幸福几乎等同于道德,即"道德律令在我心中"。而权利,则是道德的核心条件。而物权在其间又起着重要的基础性作用,特别是在文明史之初,在撬动历史前进的过程中又具有决定性的功能,也是决定性的动力因素:"卑劣的贪欲是文明时代从它存在的第一日起直至今日的动力……单个的个人的财富,这就是文明时代唯一的、具有决定意义

---

① [美] 路易斯·亨利·摩尔根. 古代社会 [M]. 杨东莼,马雍,马巨,译. 北京:商务印书馆,1995:335.
② [美] 路易斯·亨利·摩尔根. 古代社会 [M]. 杨东莼,马雍,马巨,译. 北京:商务印书馆,1995:387.
③ 马克思恩格斯选集:第4卷 [M]. 北京:人民出版社,1972:104.

的目的。"①

人类的进步、心智成熟和发展的方向和程度体现在两个方面，分别是横向轴的"权利"和纵向的"精神"这两个维度。纵向的精神系统就是人的精神现象，主要体现在精神、情感、灵魂领域，表现为精神层次和美的至高境界。从人类早期的蒙昧状态直到今天的后现代美学总结，展现了人类整体的"情商""意志自由"是一个不断进步、扩展和提升的精神境界的曲线纵向轴样态。

当然，这个纵向轴又截然分化为正反两个向度：正向度的美学以及"精神—实践""自我实现"的哲学意念，和反向度的信念幻觉。此二维度也正是康德的《判断力批评》和《纯粹理性批判》所着力之处。其中，反向度的信念虚幻在社会组织的历史构筑之中却又起到了"载舟之水"的支撑作用。

人类进步的横向轴就是权利，其实这是一个多向轴：以个体为中轴线或圆心、向周围辐射的"权利圈"。每个圈的大小是伴随着人类历史的发展应该是趋向于基本等同的。这就是一个标尺，就是人类为之奋斗的终极目标：求取人与人的个体之间在人格权利、尊严、社会身份、地位等各个方面的权利应该是基本等同的，即使每一个权利主体之间在智商、情商、能力、意志品质等方面存在显而易见的较大差异（这个命题是罗尔斯《正义论》的主要论题之一，却不是他的最终结论。在他的书中基本是当作前提条件来使用的）。简单地说，人的历史就是求取人与人之间权利等同的历史。而是否等同、等同的程度如何，一个相当重要的衡量标尺就是物质的因素——物权。物权就是在这样的人类历史文化大背景中显现出其特殊的魔力

---

① 马克思恩格斯选集：第4卷 [M]．北京：人民出版社，1972：173.

和重要性的，这就是前述黑格尔之所以给予它如此之高的重视程度的主要原因。而这种权利等同，又不同于原始共产主义社会：因为无意识或潜意识下的等同几乎等于无意义。但是一个悖论却来自历史脉搏：文明进步和人类心智的成熟的一个结果却又好像是不平等的加深。但是对于这种螺旋式上升的历史发展趋势，摩尔根和恩格斯最终都是满怀信心，充满乐观地给予了充分的肯定和积极的展望。

物质横向轴和精神纵向轴这二者关系是辩证的：物权是基础，"权利平等"也是人类为之不懈奋斗的目标；作为整体来说，精神纵向轴是伴随着权利横向轴不断同步向前发展的。但是作为个体来说，却又是很可能不依赖于物质基础独立向上发展的——即"仓廪不实也知礼节"。此之谓"安贫乐道"是也。

至于个人与社会（群体、集体）之间的权利关系，则又是一个很复杂的命题，密尔的《论自由》于此是个重要论著：理想状态的公共权力是个人权利圈的等同，但是普遍法则的另外一面就是可能出现群体权力的滥用，从而产生"多数暴政"的现象。这是人类权利史一直面临的难以克服的困惑，也是其自身产生的难以解决的结构性矛盾。

三、物权与社会道德心理间的隐在关系

如前述，物权的历时性，在每一个历史节点上，都显示出其作为历史发展所起到的决定性、标志性的杠杆式作用，这在各个民族和地域基本没有差别。但是在共时性的横向比较中，显示出各个民族和各种社会形态之间却都存在很大的差异性。

就东方古国和西方民族来说,由于历史文化传统不同,这样的差异就特别显著。发源于古希腊的欧陆的个人个体权利本位观,使得物权之类的权利等成为其生命不可或缺的本体性内容。所以,对于他们来说这样的"奶酪"等同于生命,是不可触动的、神圣不可侵犯的。

就社会形态来说,宗教社会结构和世俗性的社会群体也存在很大差异:一般来说,宗教社会在物权等社会权利的分配和享有上,具有一定的恒定性(不一定具有合理性和公正性),这一点是与世俗社会所不同的。因此,二者在由物权问题而带来的社会心理、社会道德等方面的效果也完全不同。

笔者一直秉持这样的观点:在"社会政治学—社会伦理学"学科关系中存在着这样一个线性结构的链条:"社会意识形态—伦理准则—社会组织结构—道德实践—道德原则在道德实践中的有效性"这个线性结构,和它相对应的是"社会组织结构—物权(财产权)的形式—道德主体的道德心理—伦理准则的稳定性—道德实践的有效性"这个连续性撬棍式结构,也就是物权(财产权)、物质财富占有的程度、有效度以及相关的占有程序在道德实践中占据着异乎寻常的主导作用甚至是终极的决定性作用。因为在"国家意识形态—伦理准则—社会组织结构—道德实践—道德有效性"这个链条中,作为中段的、起着实际支撑作用的桥梁纽结和过渡作用的,是一种基于社会组织结构基础之上的社会价值观念。一种社会组织结构决定了道德主体在何种程度上决定和在什么程度上支配自己的劳动力,也最终决定了道德主体的道德意愿和道德取向。

在"物权(财产权)—道德主体的道德心理—伦理准则的稳定

第五章 物权与社会道德心理的杠杆关系原理

性—道德实践的有效性"这个结构运作时,道德载体的社会心理性质和嬗变态势以及这样的社会心理的产生有其特定的历史文化原因。

首先,孟子在两千多年前就做过经典论述:"无恒产而有恒心者,惟士为能。"也就是说,没有确定的物权、物产保障,社会主体的道德心理是漂浮不定的,因为基本的生存都成问题的情况下,要保持稳定的道德心理在世俗社会是几乎不可能的。所以才有"仓廪实而知礼节,衣食足而知荣辱,上服度则六亲固。四维不张,国乃灭亡。下令如流水之原,令顺民心"[1]之说。

其次,物权本就和人类的本质本性有关:人类早期的私有制、国家的起源就是因为物权——私有财产的继承制而得以确立。

再次,物权和人们的现实生存有关:物权得不到保障,有可能危及人们的生存,道德信念当然会退后一步,毕竟生存是第一位的。因为社会主体所能收获的劳动成果的表现形式就是社会权利,即前述的最低要求是人身安全保障和劳动产品、物质产品的基本所有权;然后就是享受某种程度的社会福利和社会公共权力。而道德秩序和社会秩序的势态趋向是同方向、同比例的。权利义务相分离的状况也隐含了:即使社会道德标准如何明确、如何确定,但是道德实践却具有随意性、随机性的内在固有因素。

最后,对于一个道德载体来说,他是否和在何种程度上愿意遵守这个群体的伦理道德的基本意志依据,是他在一个社会群体中所拥有的地位和角色,以及他所要承担的义务和责任这样的前提条件。假如没有相应的权利,他也就没有对应的道德义务。因为物产的拥有和付出密切相关,即使是受赠或者继承遗产,它最初的来源也是

---

[1] 司马迁. 史记 [M]. 北京:中华书局,1999:1696.

和付出有关的，理应受到保护不受侵犯。如果得不到应有的保障，就意味着劳动者的劳动仅仅是付出——只尽义务而不享有权利，这对于社会主体的心理造成的影响可想而知。

物权拥有和道德义务这二者是正比例关系，或者说是对应、对称的：对于财产的拥有程度、拥有的程序和方法，决定了道德主体的道德感、道德自律和自觉程度。这一点在世俗社会尤显突出。原因有三：一则，如果社会主体仅仅拥有权利而不尽义务，就会失去权利从而被道德环境所抛弃；二则，物权获得的程序不当，就会使得社会"权利—义务"的关系失衡，势必影响道德载体的社会心理；再则，社会成员没有权利而只尽义务，这种情形仅仅会发生在强权社会或者人类文明早期的社会形态里。当然，此种情形下社会成员的道德感也会下降到最低点，使之道德理想产生虚幻感。

这是社会基本结构组织形式下的基本的社会道德心理原理，也是世俗社会的基本伦理形态。而宗教伦理中由于信仰对于心理的功能固化作用就很难出现类似情景：宗教成员的权利和义务在历史文化中相对是固定且对称的。所以，即使没有恒产，社会成员也能够保持基本的恒心，因为总体道德环境能保持一个基本社会程序规则：全体成员均能自觉遵守固有的历史规则、社会契约。但是一旦有某些特别的成员或者阶层出离这个规则，那么道德大厦自然会因为这个"短板效应"而瞬间倾覆。不得不说这也就是精神幻觉的致命短处。

四、结语

物权在人类文明进程中具有三大特殊作用：一是在人类历史发

展和飞跃的各个节点上（产生私有制、婚制的进化和家庭的出现、氏族社会演化为国家）起到了实际上的杠杆作用，从而推动文明历史的发展；二是作为某种标志，可以衡量和反映各个时期的不同的社会形态和制度样态；三是它决定社会成员、道德主体的道德心理，并进而反映一个社会群体的伦理规则的样态及其性质，甚至是社会意识形态的差异性现象。

所以，物权获取程序的正当化和财产维护和保障的法治化，对于一个社会群体的道德体系建设具有非凡的实践价值意义。对于当今中国社会来说，《物权法》的颁布实施以及切实贯彻、完善，对于构筑新时代社会主义道德伦理和核心价值观更有着深远的现实和历史意义。

第六章　古代物权结构形式和社会道德心理的因果关系

人类社会的最初文明进化过程中，心智是主导，物权是先导，在这样的复合因素的联合作用下促进了婚制进化、私有制产生、国家和社会制度建立并不断完善，其间物权起到了撬动历史前行的杠杆作用。中国古代的物权问题是和儒家社会理想观念一致的，物质财产所有权形式和"家—国"社会组织结构一样具有高度集约化的特征。就一般社会情形和样态来说，物权结构性质和形式反映的是社会主体的"责、权、利"之间的关系，所以它能决定社会道德规范和伦理系统的有效性、有效度，也是维护成熟的社会组织结构恒定性的决定性前提条件。而构造这样的前提条件一般需要具有两大必要性因素：人们的智性要素和内在的精神品格。

一、物权的渊源和历史文化意义

"人类文明的进步与发展史"是一个复合命题，如果借用亚里士

第六章 古代物权结构形式和社会道德心理的因果关系

多德的"四因说"来予以大略的说明，应该很有道理的：质料因是矛盾、斗争，形式因是社会样态和意识形态，目的因是人类的自由和精神发展。拙作现在讨论的就是"动力因"——人类文明进步的动力。摩尔根在其《古代社会》一书中明确指出，人类"物权"（财产权）的产生是以人类的心智的发达、成熟这个先决条件为主导因素的。因为人类生产生活质量的逐步提高使得物产、物质财富有了足够数量的剩余，导致财产继承权问题的产生，并进而演化为私有制，引起婚制的变化、社会制度的建立和国家的产生。这个结论恩格斯在其著名的《家庭、私有制和国家的起源》一书中给予了高度评价，并给出了的恰切的评析。同时，这个论点也是罗尔斯在《正义论》里所反复强调的社会组织结构和伦理秩序的"原初状态"。

把摩尔根、恩格斯的著述中的有关观念再予以进一步延伸论证的话，我们同样可以得出对应的几个结论。笔者以为，作为"先行因素"的人类理性的不断成熟首先造就的主要成果是人类的内在精神品格，这也是人类文明进步的主要体现，并同时在人类的各主要素质之中占据主要地位。此论下文有略述。其次，在推动社会建构、生产力发展、婚制成熟、国家的产生的过程中，作为"随行要素"的"物权"在其间起到了一个异乎寻常的桥梁和支撑作用。比如在成熟的社会机制的构成要素里，人们的群体性个体权利这个社会主要构成因素应该予以优先观照。而在人们所有的社会权利中，"物权"的产生具有几个深远的历史意义。

一是物质性因素作为先决条件起到了促进社会发展和历史进步的动力作用。这正如恩格斯的犀利判断："贪欲是文明时代从它存在的第一日起直至今日的动力；财富……是文明时代唯一的、具有决定意义的目的。"① 不断地增加个体、社会财富，成为人们不竭的社会实践活动的动力源泉，因为不仅保证生存、享受生活必然依赖于物质财富，而且财产的多寡和占有程度，更成为衡量一个人在其社会群体中的身份、地位的象征，这种精神意义是一个社会性的存在的人所不可或缺的。这种精神意义的先在表征就是整体意识形态下的道德心理。

二是"物权"作为历史性杠杆有力地促进了社会意识形态和社会组织结构的不断构建、完善和成熟。意识形态的产生最初就是有两部分构成的——社会组织结构之中物质财富的归属、所有形式和性质——也就是一个社会的经济基础，以及由此带来的社会价值观念。这个作为上层建筑的重要构建元素，必须要有经济基础"财产拥有权——物权"作为砥砺支撑。从这个角度出发，摩尔根在其《古代社会》里指出，自始至终都是由掌握社会财富的富裕阶级控制政府的，于是"创造财产、保护财产，便成为政府的主要目的"②，甚至"财产力量之强大，从此开始足以影响社会机体的结构"③。恩格斯在《家庭、私有制和国家的起源》一文中认为，也就是由此产生了国家，因为需要有一个机构来确保公民的私有财产，并使得"私有财产神圣化，并宣布这种神圣化是整个人类社会的最高目

---

① 马克思恩格斯选集：第4卷[M]. 北京：人民出版社, 1972：173.
② [美]路易斯·亨利·摩尔根：古代社会[M]. 杨东莼, 马雍, 马巨, 译. 北京：商务印书馆, 1995：335.
③ [美]路易斯·亨利·摩尔根：古代社会[M]. 杨东莼, 马雍, 马巨, 译. 北京：商务印书馆, 1995：387.

<<< 第六章 古代物权结构形式和社会道德心理的因果关系

的"①。这就是"物权"（财产权）在人类文明演化和意识形态的渐进进程中的重要意义和作用。而这种意义，在人类文明发展史上具有普泛性。

三是社会组织结构的性质直接决定了物权占有的性质、程序和形式，二者也共同直接最终决定一个社会群体的意识形态，以及某种社会样态的伦理系统的恒定性、有效性、有效程度。在笔者设想的"社会意识形态—伦理准则—社会组织结构—道德实践—道德有效性"②这个具有因果关系的线性链条、"连续性撬杠式结构"中，介于"社会组织结构—道德有效性"之间还蕴含着一个这样的链条："物权、财产权—伦理准则的稳定性—道德实践的有效性。"在这个结构系统顺序化运作时，物质占有性质直接决定了道德载体的社会心理性质。当然这是一个历史文化问题，也就是说，其嬗变态势以及随之运转的公众社会心理产生的历程具有深厚的历史文化因素。之所以说其间"物权"起到了连续撬棍式决定作用，是因为保障人们的生存是第一位的，特别是在古代社会，物质条件稀缺的状况下这种需求尤为突出。而在那个时代，与生产力相联系的、并由生产力所决定的作为上层建筑的社会组织结构也并不那么紧密，二者的需求和建构是基本同步的。如果基本的生存物质条件得不到满足，人们对于社会组织结构的信任程度也会随之降低，那么对于社会组织结构起到稳定性作用的伦理观念价值系统也会随之弱化。作为生存保障的"物权"与社会道德载体的社会心理紧密相关，前者是自变量，后者是因变量。前者如果得不到基本保证，后者的社会道德

---

① 马克思恩格斯选集：第4卷[M]．北京：人民出版社，1972：104．
② 任辉．论社会结构、道德实践和道德有效性[J]．伦理学研究，2014（3）：11．

观念就会随之有所动摇。道德心理的变化指向和程度，是随着物质占有程度成正比例上下浮动变化和进退的。

关系链条之中的"伦理准则——社会组织结构"这两个要素并非是紧密的逻辑关系，就它们的概念内涵来说，二者没有必然的联系；但是就其产生和运转的相互作用过程来看，双方几乎是息息相关的平行性的或者是伴生性的关系：社会组织结构模式决定伦理准则的性质。正如荀子的"明分使群，求定息争"的政治、伦理主张的出发点："人之生不能无群，群而无分则争，争则乱，乱则穷矣。故无分者，人之大害也；有分者，天下之本利也；而人君者，所以管分之枢要也。"（《荀子·富国》）[①] 要防止一个"群"的组织结构系统崩溃，必须要有保障其"不争、不乱"的条件，那就是掌控者的权力的有效实施与运行，而权力运作的指向就是"争"的目标：物，也就是人们的生存基本保障。它充分影响甚至决定着人们的心理动态和对于社会群体的心理依赖度。

前引恩格斯之"贪欲"评判一说是十分准确，也是十分深刻的。而"贪欲"的内容就是物质财产。追求它、占有它以及尽可能地无限扩大它，会使得人们的生存保障越加稳固，信心增强，对于社会组织的信任和依赖心理也会随之加强。并且，下文将要述及的纵向轴的精神心理要素也会随之产生且获得逐步的充分的发展，这就是康德的"剩余精力说"之源。久而久之，这种"逐利"心理顺理成章地就会在无意识之中促进了社会文明进步。所以，物欲是人类社会文明进步的先决条件和必要因素。反之，在物产得不到必要保证

[①] 任辉.论社会结构、道德实践和道德有效性[J].伦理学研究，2014（3）：179.

的结果就会使得人们产生心理惰性甚或对于周围社会环境产生破坏性心理。由此，恩格斯才断言，恰恰是低级、可悲的"物欲"求财的心理才成为"文明时代唯一的、具有决定意义的目的"。

四是决定一种社会组织结构基础的稳固性、反映这种社会组织结构的性质的重要标尺就是"物权"。因为它直接反映了社会成员之间的社会"权利——义务"之间的关系，这就是"社会组织结构的有序性"——当一个社会群体的各道德主体的责、权、利基本处于对等、平衡状态时，这个社会组织结构也基本同步处于有序性情形。反之，就会失衡、失序。而社会组织的有序性会直接导致一个社会伦理规则的稳定性、在实践中的有效性、有效程度。道德主体的社会责、权、利的处置效应集中体现在其劳动力的支配意志及其对应的财产权拥有程度。其中，"利"——利益要素，是社会组织赋予道德主体的"责"与"权"的对应的结果。这里内含着以下三个方面的内容。

首先，社会成员的利益源于他所在的群体，与之相配，成员也要对群体承担一定的义务，做出相应的贡献，这就是"责"。但是，贡献、责任的大小，与这个群体的组织结构性质是相对应的。其次，对于社会成员来说，如果他的责权利三者基本均衡，那么他对于这个群体所报以的心理是信任与依赖（这里指的是一般意义的通常情形，一般适应于宗教社会样态）。反之，就是心理落差下的心理疏离感。最后，以上两种状态，足以反映这个社会群体的社会形态和基本性质，以及所达到的文明程度。

就人类历史发展进程而言，这三者都具有通常的意义，因而可以做一般意义的检测标准。但是标准只具有相对性而并不具有功能绝对性，因为历史上"螺旋式上升"表现出的各种社会形态差异很大，标准适配性需要具体问题具体分析。

二、中国古代儒家的社会结构的设想、道德理想与物权结构形式之关联

作为"物权"与"社会组织结构模式""社会道德心理"之间的内在关联关系以及相互促进与发展的典型范式，古老的东方文明可谓世界文明之一极而显示出非同寻常的意义。

中国古代社会的政治制度、社会组织结构以及对应的道德规范、道德实践、价值体系及其稳定性结构模式等上层建筑，都建立在、也依赖于中国古代的儒家社会构想"君君臣臣父父子子"之上的具有统属关系、所有制性质的等级制社会结构及其与之相适应的国家体制和宗法制度，以及这样的制度和系统的运转的有序性。"纲常"网状结构设定的是"君—臣"纵向阶梯式等级结构，各自的责、权、利具有上下统属的性质，是一种明确且又是严格的所有制关系，其所具有的隶属范围从外在的社会关系、财产内容扩展直至压缩到人格、人身依附。中国古代依照儒家这样的社会理想构筑的社会组织、社会伦理秩序和物权、社会心理之间形成了具有因果关系的上层建筑动态体系，根源在于亚细亚生产方式这个经济基础。这样的结构模型具有如下几个特征。

一是等级制与物权结构是同构同向的。笔者一向认为，儒家思想等古代文化内核都是以维持庞大群体的安全生存方式这个目的来设想、展开和运作的。儒家学说也是以"君君臣臣父父子子""亲

<<< 第六章　古代物权结构形式和社会道德心理的因果关系

亲尊尊"这个等级制来建构社会形态的,而这个等级制是具有所有制性质的:既有人身依附关系,也有人格、精神控制特质。这个金字塔结构还内含"家—国"形式,也就是说,家庭、家族的构成形式与国家组织形式是同质同构的,且前者也是为后者服务的。

二是中国古代的物权结构形式与儒家的等级制结构也是同构同向的:家庭、家族制等构成的宗法制度,财产所有形式高度集中。每个社会单元(个人、家庭、家族等)构成所拥有的财产,实质上又完全归属于梯级式更高一级的权力结构,所以它的财产拥有顺序与"家—国"政治结构是相同的。

三是意识形态与社会组织结构形式互为因果关系,是特定的文化结构的延续:古代特有的物质生产条件决定了东方亚细亚生产方式,这样的经济基础决定了儒家的意识形态是必然的结局。其实,除了儒家学说,春秋战国时期的各家思想在这个思路上实质上也大同小异,至少出发点是共同的。除了出世的道家思想,异质的理论就是墨家了。但是墨家的"兼爱""非攻""尚同"等社会观念,其构想的出发点也是为了维持社会群体的稳定结构,只是其学说并不符合东方式经济基础模式,所以逐渐淡化也是必然的。它与世俗社会崇尚集体的伦理观念有着根本的矛盾冲突和不相容性。也就是说,只有在崇尚个体价值观念的社会体系中,其伦理理想才有实施的可能性。因为个体独立不仅仅指的是个人权利的独立,也包含着思想、观念、财产、各项社会权利义务等要素的分别独立。众所周知的是,集体观念则适应于大规模的集约化生产方式,特别是农耕生产样式:既要统筹水利活动、耕作活动以及产品、利益的分配,还要应对外敌入侵、内部战争、自然灾害等非常态的大规模社会变动。所以集约化的社会权利形式的产生也就顺理成章地成为必然。历史本身就是不言自证的明证。有了这样的社会政治结构，那么社会财富的分配机制自然与之相配套。所以，孟子的"保民而王、莫之能御"与荀子的"名分使群、求定息争"的社会财富的处置设想与渴求社会秩序安定的思想看似不同，但却是问题的一体两面、互为补充的。

所以古代东方式经济基础一直处于稳固状态，生产力也一直没有大的变化。而上层建筑历经几千年的锻造和历史嬗变、震荡，最终造就了成熟、完善的东方式社会组织形式和意识形态，包括稳定的物权结构样式。

三、中国古代的物权结构与社会道德心理关系辨析

笔者曾经做出过这样的伦理样式的种类区分：以信仰来区分一个社会的主导伦理原则，大体可以划分为宗教原则、世俗原则和理性原则[1]。世俗性社会结构形态的伦理现象具有如下这样几个特征。

1. 本来具有普遍意义的最高伦理准则和实际上的道德实践往往是脱节的，在许多的历史情形下，伦理准则仅仅具有象征作用和意义，变通或者强制改换的范例并不少见。儒家伦理的绝对权威得以树立也只是在宋代以后，政统强力介入程朱理学对于先秦儒学的再释义之后才成为通行范式。而最高规则一旦确立，皇权亦受掣肘，比如嘉靖年间的"大礼议之争"和万历年间的"国本之争"。根本性规则的确立对于稳固政治结构、社会秩序起到了极为重要的作用。但是，另一方面，灵活运用最高规则的情状也是历史常态。同样是

---

[1] 任辉. 论社会结构、道德实践和道德有效性 [J]. 伦理学研究，2014 (3)：12.

<<< 第六章 古代物权结构形式和社会道德心理的因果关系

大明王朝,惹得朱元璋龙颜大怒、屡动杀机的根本原因之一也正是"规则"在官僚体制中的形式化、虚幻化;然而"汉家自有制度"的明太祖等历史人物以个人意志擅改"祖制"规则的情形又有几何则也难以计数了。所以,在通常状态下,真正起到社会规范和调节作用的是"亚文化系统"里的规则模式:降格以求的模拟性"最高规则"和类似于乡规民约的而又在各个社会单元里普遍存在又相对独立的"隐在规则"。比如程朱理学居于庙堂之上的"儒学"伦理和江湖民间的道德规则的作用、表现均有所不同,有时甚至反差极大。所以,"居庙堂之高"和"居江湖之远",所要遵循的伦理规则是完全不一样的,二者并不重合。由此可见,此论题很可再议。

2. 物质性条件和环境下诞生的伦理原则具有诸如随机性、情感性、本能性、趋利性、唯我性、差异性和非恒定性的诸多特征。从不同性质的伦理原则可以上则追溯到各自的历史文化背景,下则可以判定伦理规则的有效程度及其因由,以资作为对比和借鉴。如前所述,物权、财产权、物质占有的组织程序在道德实践中占据着异乎寻常的主导作用、甚至是终极的决定性作用:它决定了一种伦理规范和准则是否具有有效性,以及有效程度如何。中国古代以"儒家理性"建造起来的社会组织形式与物权形式,由于其高度集约化和高效率的特点,以至于既有社会群体的高度凝集性,又有这种文化特质大背景下的物权特有性质造就的实用性、功利性社会心理,这就是社会群落内部主体之间关系的外在的统一性与内在疏离性的并存模式。这种结构样式具有如下三点特征。

(1) 物质产品的基本或者最低限度的稳定性的拥有作为维持个体生存的基本保障是物权秩序运作后的直接成果,而一旦这样的保障缺失，随即带来的结果就是人们安全感的缺失，然后就是维持群体性结构系统稳定和顺序化运转的道德体系有嬗变的可能性。高度有序的集中化财产所有形式，使得个体拥有的可能性弱化，生存保障的不确定性自然就使得道德载体的社会心理随之发生紧密的变化，使得社会单元的心理就会处于单体游离状态。群体成员对于群体自身的疏离感造成的结果不仅仅是对于集体生存的不信任，而且更是道德心理的脆弱化。也就是说，道德自律的基础被破坏了，生存至上原则使得人们对于信守社会规则的心理失去依据，从而使得个体的道德心理变得不确定，更使得整体道德体系的危机增加。而正向的信任度的增强，就是同甘共苦、共同进退的组织性保证，这种情形使得每个道德主体不仅对于群体自身产生高度的信任，也使得每个成员对于他人也共同起到了相互监督的作用，最终造成集体性同向同序的心理安全感。如果持续存在，也就自然会产生社会道德心理稳定的历史惯性和持久力。

这种情形在重大历史变动时期尤为显著。安史之乱之中的张巡"嚼齿杀妾"守城的故事与明末福王朱常洵吝啬至极从而导致失城的故事都是较为极端的例子。《水浒传》中，在介绍出场的英雄好汉的时候，几乎无一例外都要加上"仗义疏财"这四个字。所以，"财产——财产权"不仅仅是人们的基本生活保证的重要性问题，也是人的精神依靠、精神依托的趋向点。而如果扩大范围来说，在人类群体中，也是凝聚力的动力以及群体安全保障和内部组织秩序正常化运转的根本性源泉。

（2）财产和社会主体的劳动付出有关，劳动付出的性质与道德心理也是密切相关的。劳动付出所得到的必要回报性保障，不仅会

<<< 第六章 古代物权结构形式和社会道德心理的因果关系

影响劳动者的劳动付出的心理意愿,更势必会直接影响到劳动者的道德心理。正如笔者所曾指出过的:"一种社会组织结构它决定了道德主体在何种程度上决定和在什么程度上支配自己的劳动力,也(最终)决定了道德主体的道德意愿和道德取向。"① "社会组织结构形式—物权—道德心理"也就由此间接反映了社会意识形态的性质。也就是说,社会主体的劳动付出所得到的回报率,既反映在道德载体的道德意愿上,也反映了一个群落劳动者的角色地位,更深一步可以反映综合要素集合在一起的社会机理的性质。很显然,所有的社会财富源自每一个劳动成员的付出,对于该成员来说,付出的回报和回报率,一方面决定了是否继续付出和付出程度的心理意愿,另一方面,集体性的付出意愿的结果,也决定了整个社会组织结构和道德结构的性质,以及对于群体组织的信任度和道德心理的特质。没有哪个人会愿意无偿付出或者以低回报率的状态下付出。所以如果付出和收获不对等,道德心理就会倾斜,如果是持久下去,就会使得整个价值体系、观念系统失去平衡。

所以在这里从这个角度来看,一切社会情形都是通过"财产"和对它的拥有、也就是社会产品的分配机制来给人们提供判断依据的。

(3) 高度集约化的物权形式在社会组织和信仰中的体现,则高度集中于政治体制和政治伦理观念中,是物权观念的外化和辐射。中国古代社会政治伦理"道统","皇统"(君统),"政统"之间的关系,最终落实的交叉点就是各种配享的权利,其中物权是十分重要的一个方面:即"王臣"的身份、地位问题和"王土"——自然

---

① 任辉. 论社会结构、道德实践和道德有效性 [J]. 伦理学研究, 2014 (3): 13.

资源、物质财富的所有权、管理权和处置权问题。道统是士人传统，在某种程度上能起到平衡社会政治权利作用的"忠君忧国爱民"观念是其最高伦理规范和人生追求，"集体生存模式"导致的"祖先、权威绝对崇拜"信念使得皇统必然成为历史决胜者。所以"从道"还是"从君"是一个悖论，是生存与精神两大相悖性观念自身无法克服的内部结构性矛盾："王土"和"王臣"等概念都是集约化必然的毋庸置疑的结果，也是荀子"名分使群、求定息争"的顺理成章的理论归宿。其实，荀子也是仅仅做了一个总结，历史不可能是由他、也不是由某几个人来书写的，这就是当事人群在无可选择的条件和情形下所做出的集体性选择的历史文化结局。但是，总要有人来首倡，总要有人提出，也总会有人来具体落实，这仅仅是一种文化历时性的必然问题。

　　基于如上情形，就很有必要廓清古代儒家伦理规则的主要内核和它的历史意义的基本定位，以及儒家伦理在精神力量方面的社会支撑作用、对于社会组织构架的设定、贯彻以及对于其后各种社会要素走势的影响。因为这对中国当代社会主义特色的新伦理建设具有很重要的借鉴意义和较强的现实意义。所以，如前所述，其中"物权"的正当有序性，即社会财富的分配机制的正义性问题就是一个焦点问题：主旨在物权取得、拥有和处置的合理性、合法性，必须和社会主体的责、权、利相对应、相匹配，因为它处于因果关系链"社会组织结构—物权—道德实践—道德有效性"的轴心、扭结点位置，属于自变量，其他要素属于因变量，最终会影响到社会价值体系、道德系统的有效性和恒定性。

四、影响道德心理和道德结构的必要条件和物权程序程序化的现实意义

对于影响一个社会道德结构的各种要素之中,这里还要着重强调一点,那就是"物权"的正当有序性问题在最终影响到社会道德体系的有效和恒久性这个逻辑学关系链条上,它也只是其中的一个必要性条件,并不充分。因为除了这一点,还有其他必不可少的关联要素,在其间起着相当重要的支撑作用。这些要素之一就是社会机制的构成的性质和运转效率程度,以及每个社会单元的精神素养、精神品格和理性程度,也就是这些"必要性"元素共同构成了相关的人文环境。

有关于对于"人"的界定,从不同的角度历来就有很多说法,诸如"人是经济动物(或政治动物)",柏拉图说人是理性动物,马克思把人定义为"各种社会关系的总和"。从哲学普泛意义上说,笔者认为人更是精神性存在,必须有立世的精神依据和灵魂依托,这应该是人的思维不断与社会、科学互相作用所凸显出来的特有的、更有意义的界说与性质判断。就"精神"这个人类文化最顶端的逻辑元素来说,它也是人类的理智发展和理性最富有意义的成果。孟子的"无恒产而有恒心"就是对这一成果的最直接肯定。否则的话,失去精神依托最直接的后果就是人的品性低端化、社会结构秩序的失衡和道德伦理体系的不确定性。另外,只因为精神性的必要性存在,所以一旦精神品性削弱或者阙如,还意味着很可能会拥有精神外的替代品:诸如世俗性的物质或者实用性的利益计较,用来填补思维真空。于此,几千年以来有关于"灵魂""信仰"等第一哲学持续探讨的意义就在于此。

之所以会如此，首先是社会成员的道德观念、对于道德信念的坚守程度和道德载体的心理倾向有关，人是精神动物，精神性质本身就是心理性质的，决定人的精神品格的就是心理趋向，而道德心理是其中的一项重要内容——即使不是唯一内容。这也是康德在其《实践理性批评》之中所着力论证的论题之一。而道德心理取向的主要来源和依据就是社会文化环境和上层建筑、意识形态这个大背景。对于道德结构的作用来说，正向维度的道德心理是纯粹精神品性的、单向度的神性笃信特性的，不含有世俗物质要素，又且一般不会对精神本身的性质进行理性反思，偏向于信守具有惯性特质的"祖训式"信仰教条。很显然，这是有利有弊、正反两面并存的，并在现实实践中时有显现的文化现象。当然，这种精神信仰的情形比较复杂，很难一概而论。但是它对于社会伦理构架的有序性运转的决定性意义则是显而易见。也就是精神品格的这种特质，使得它的这种决定性作用既决定着"物权"的顺序性运作基本没有疑义，而且本身也不含有物质性影响。

其次，"物权"的正当有序性本身就和社会主体对此的心理认可度有关，也就是说，心理认可的倾向与物质资料获取的途径和渠道紧密相关联。因为社会个体对于其个人在整个群体之中的关联决定了他的社会观念和伦理理念，并最终决定道德结构的性质和延展方向，以及在道德实践中的稳定和坚固程度。这一点在世俗社会形态之中更加明晰。在此如上述，对于人们的精神品性，作为大的社会背景起到间接作用、却是最终决定作用的。这是社会文化的大背景造就的：一则是道德载体的精神品性的本质使然，二是世俗性的社会机制对社会成员历时性、历史惯性的心理影响，这种影响有时会反过来最终作用于社会肌体本身的功能。

最后，社会形态机制、物权运作的秩序、社会个体单元的精神状况、整个社会文化系统的有序性本身就构成一个因果关系的链条，作为复合因素共同决定了社会伦理体系的性质和运转模式。这个因果关系的先决条件就是社会主体的单体精神品格、理性特质以及社会意识形态、理想趋向等人的必要性要素。

人是理性动物，人的智性在整个人类社会历史发展过程中起着具体的推动和引领作用。但是，每个社会群落的社会形态却是复杂多样的，不过，无论如何说，每个社会形态的文化机制、文化性质的诞生和发展演化都必然与其理性程度相匹配、相对应、相适应。

所以，造就社会道德的有序性结构的必要性条件中，社会主体的精神品性构成独立的一元。但也就是在这一点上，世俗社会与宗教社会就此发生分野，因为宗教社会结构的建构根基就是元精神的。

总而言之，道德结构的有序化依赖于社会主体、道德载体的自觉的道德意识，也就是道德自律，但是这种自律源于两大要素，也就是取决于两个维度："理性意识"和"精神品格"。（当然，理性因素和精神品性之间也存在着复杂的交叉混合关系。）也就是说，就像罗尔斯所言的道德自律源于道德自愿："一种自愿体系的社会……它的成员是自律的。"[①] 而社会结构的性质、社会意识形态则源于人们的理性程度，这是毋庸置疑的。从另外一个维度来说，道德自愿也源于社会结构的性质："任何伦理学都承认社会基本结构作为正义

---

① ［美］约翰·罗尔斯. 正义论［M］. 何怀宏，何包钢，廖申白，译. 北京：中国社会科学出版社，1988：13.

主题的重要性。"① 结合罗尔斯的论述,我们可以得出这样一个结论:物权是社会结构中的一个扭结点,它反映了社会单元(个人、家庭、家族等)的责、权、利,并进而映射出其社会身份和复合劳动关系中的关系和位置。

但是理智品格仅仅是社会伦理秩序理性化的一个方面,就像罗尔斯自己所一再论证的:理性程度是出于功利目的的。而这种功利性、实用性具有世俗性质,其可靠性是可疑的。因为它仅仅是建构社会秩序诸要素之中其中的一个必要性因素,所以还需要另外一个维度的必要性条件的支撑,这就是人的精神品格,它的可靠性保障就在于"自愿""自律"上,这是人们的理智要素绝对无法代替、也无可替代的必要性元素。它们共同构成了两大必要条件,缺一不可。但是单独结构的社会形式、样态还是普遍的,所以人类历史显示出各种不同形式、不同样态的道德结构系统。至于理性和精神间的关系,即鸡和蛋谁先有原理问题,以及分别在社会机制和道德结构上所表现出来的作用,其实应该说是平行的,也是互为条件并互相促进的。

人类社会文明进步的主要体现就是科技发展带来的物质充足富有和精神、理性带来的社会构架、道德秩序良好状态。然而这二者在很大程度上均依赖于与其相适应、相对应的社会组织结构;或者也可以反过来说,一定的社会组织结构的建构也依赖于某种社会结构之中人们的理性程度和精神条件,这也是互为条件的。如果仅仅是单方面的因素,不管是精神品性还是理性程度,历史一再证明单

---

① [美] 约翰·罗尔斯. 正义论 [M]. 何怀宏, 何包钢, 廖申白, 译. 北京: 中国社会科学出版社, 1988: 85.

维度都还不足以丰富、健全和圆满,那么造就的社会秩序就会是单向度的、偏重不均衡的,道德意识也极有可能是非自觉的、"他律"的。若此,那么一切结果均是不可预测的、不确定的。所以,"人心惟危",道德心理的能量释放渠道就架构于作为上层建筑核心的整个社会结构系统和意识形态系统之中,成于此败于此。

应该着力强调,宗教社会和世俗社会并非是矛盾概念,而应该是反对概念,因为在这二者之间还有中间状态,那就是世俗社会的社会形态却又含有宗教社会的精神品质。原本意义的宗教信仰,其精神特质有着复杂的历史背景,具有难以预测的不确定性,甚至有时是反动性。而中外先哲巨擘们,屡屡提出过以"哲学"或者"美学"代替宗教的设想。且历史社会形态中,模态形式的"应该"和"可能"等应然状态的意识形态和社会文化并非是空幻的,这应该给予我们很有裨益的启示。其实,世俗样态的精神化品性其存在的合理性在"轴心突破时代"的先秦时期儒学和诸子百家以及后来的陆王心学等学说之中屡有反映。正如《吕氏春秋·不二》所言:"老聃贵柔,孔子贵仁,墨翟贵兼。"只是诸如"致良知"之类的精神化理想在落实于具体社会实践中,尚有实质性的难度,这源于"物质—精神"之间的内在矛盾。

有鉴于此,重铸古老的东方文化就应该在原有的儒学基础上,重构当代社会主义和谐社会伦理新形态,复兴华夏历史文化精髓内核,实现在更高起点上的文化"中国梦"。于此,就必须深入反思和深刻鉴定原有的文化内核。中国古代儒家伦理的主线"忠孝仁义"和程朱理学有效地支撑了中国古代社会的宗法制度和社会伦理秩序,铸就了君臣民结构的均衡的历史文化构架,以及与之相对应的宗法伦理精神力量。但是，这样的古代封建道德体系其中蕴含的糟粕性内容也阻滞了新文化的历史发展，早已不适应当代新时期的形势变化，且又具有较强的惯性。所以，针对复杂的历史文化积淀，要完成符合我国国情的当代社会主义新道德建设以促进和谐社会的建构，应该寻找根本性的而有效的针对性干预方法：应该建立起针对历史文化的巨大弹性力和可塑性特征的可操作的应对方式和原则。因为延续两千多年的儒家社会设想和实践产生了极为厚重的又韧性十足的社会心理，且这样的心理惯性力是具有历史固化状态特性的。所以，深刻认识和改造原有的具有惰性力的文化内容，代之挖掘实用性社会意识之中合理、优秀的精神品质，是完全必要的，也是完全可能的。

有鉴于此，当代中国新时代的社会主义特色道德建构就是要在这两方面去加强和深入：以马克思主义思想基本原理和道德理想为指导，全面继承和发扬中华优秀传统伦理道德，提高全民的社会理性素养，加强社会主义精神信仰，赋予社会伦理以新的精神实质，切实构建社会主义核心价值观与和谐社会的伦理道德，并在理念层面、制度层面、文化层面和精神人格层面完成圆满整合和建构。因为这几个方面是紧密关联、相互作用、相互促进的，特别是前二者，基本属于硬性条件，实施操作的可行性很强，以之切入作为先行要素较为容易，且有有效的先行经验以资借鉴。比如20世纪70年代末、80年代初的"真理性讨论"和"改革开放"政策的实施，在社会组织构成形式方面做了必要的根本性改革，随后的社会道德结构也随之紧跟应变，社会道德体系和社会心理均为之焕然清新，迅速改变了积聚已久的惰性的社会状态。而后二者作为软性条件，是一

<<< 第六章 古代物权结构形式和社会道德心理的因果关系

个较为复杂和缓慢的过程。事实证明,揠苗助长既不可能,在实践中急功近利也是十分有害的。这就是"物质文明"和"精神文明"要"两手抓、两手都要硬"的基本原理和理论出发点,也是实践论的目的性旨归所在:充分提高全民的精神素养,推动社会理性发展,进而理顺社会机制的各个环节的内在关系,促进社会文明健康有序的进步。

第七章　墨子、孟子与荀子道德理想的现实适用性之历史文化比较

某一种道德结构是和一定的社会结构组织相对应的，是与社会组织结构是同步建构的，所以也和特定的历史文化大背景相关。因而既是约定的，也是自然形成的。以中国古代儒家社会理想观念所据之而建构的社会组织结构具有高度集约化的特征，道德规范内质也是同构同序的，历史显示了其强大的顽强的生命耐久力。但是墨子的"兼爱""非攻"等社会政治学说和道德主张与此并不匹配，适应性不强，因而被历史选择的命运也较短暂。作为相对应的一方，儒学的孟子和荀子的道德理想既有共同的理论出发点，那就是由点控面的等级制儒学核心观念；但是二者也有很大的程序性差异：孟子反"出世"的主张特性更突出，更着重于"差序格局"的社会理想的建构，而其"王道"与"仁政"学说更通行于"道统"历史传统之中。荀子的"明分使群、求定息争"的思想理论更适用于人们的社会生活和社会政治结构，是儒学传统的不规则显性一派，并且作为集体无意识深化于社会文化系统和社会生活实践的各个层次，

<<< 第七章 墨子、孟子与荀子道德理想的现实适用性之历史文化比较

在历史文化中有序延展。所以在世俗性社会伦理构成中，道德内涵有一定的通约性，在道德实践中更有某种程度的近似性：那就是物质性的生存至上原则优先，所有的社会结构秩序必须服务于此，也必然以此为最终归宿，而社会价值伦理系统也必然与之相匹配。

一、社会组织结构与道德的对应关系

从伦理学史来说，社会组织结构和维护其结构秩序稳定的意识形态之中的道德结构基本是同步建构的，这一点基本没有疑义，否则前者也很难成立。正如麦金太尔所言："道德和社会结构事实上是同一回事。这里只有一套社会联结物。与社会结构性质不同的道德是不存在的。评价问题就是社会事实问题。"[1]

而二者合并则才得以构成某种社会形态。显然，不同的社会组织结构和伦理结构所造就的社会组织结构样态也肯定完全不同，比如中西差异就十分巨大。正如杨国荣先生坦言："相对于中国传统道德对仁道以及仁道的特定历史形态的关注，西方的伦理传统更多地强调公正或正义。"[2]

究其根本，则取决于自然因素和人文因素这两个方面。按照马克思主义"经济基础决定上层建筑"这个基本原理，上层建筑要符合经济基础的结构性质。此处的"经济基础"不仅仅是指社会生产性质和形式，也包含社会组织结构类型和样式。我们说，社会结构

---

[1] A. 麦金太尔. 德性之后[M]. 龚群，戴扬毅，译. 北京：中国社会科学出版社，1995：155.
[2] 杨国荣. 伦理与存在[M]. 上海：上海人民出版社：2002：35.

组织模式不是凭空产生的,它一定源自其固有的地理、气候等自然条件以及与之相适配的文化背景、原初民的原始约定和心理倾向、价值观念等软性条件。所以,社会组织结构自诞生之日起就与道德伦理观念相伴生,前者是自变量与先决条件,后者是因变量、附属品和凝结剂。但是毫无疑义的是:社会组织构成形式与其社会生产方式一定是相对应的,而凝集社会组织的则是与之相对应的社会伦理观念。正如杨国荣先生所见:"社会认同和社会凝聚同时关联着社会体制及社会秩序的合法性问题……合法性则更多地涉及社会成员与社会系统之间的关系。"[①]

就中国古代的社会结构形式来说,主要以儒家纲常伦理观念建构了中国古代的社会文化秩序。其核心就是众所周知的孔子的"君君臣臣父父子子",孟子之"老吾老以及人之老、幼吾幼以及人之幼"宗法人伦制度塔基内结构,"忠孝仁义"之"礼"的外形式和附属、相关的文化内容形式。这就是费孝通先生所提出的"差序格局"理论。这是一个总则,概括了中国古代伦理结构的基本轮廓。而形成这样的社会文化结构样态的根本基础就是古老的自然地理环境和族群生活方式。就此一点,笔者曾另文详述,下文还要作针对性的专述。也就是说,"差序格局"的产生自有其合理的历史物质性根源:广袤的土地上要满足巨大群落人们的生产生活这样基本的生存条件的需要,必须要有相对完整的组织形式和有效的组织观念,以及强大的组织机构。只有这样,才能保证一个聚居群体的生存的可靠性。毕竟,生存是第一位的。有材料表明,远古时期的大陆平原水患严重,而人口基数却很庞大,因为争夺生存资源的战争也较

[①] 杨国荣. 伦理与存在 [M]. 上海:上海人民出版社:2002:34.

<<< 第七章 墨子、孟子与荀子道德理想的现实适用性之历史文化比较

为频繁，这样，高效有序的集约型权力结构形式也就随之诞生并渐趋成熟。这种结构形式的样式是自上而下、由内及外依次顺序扩展，大体包含了组织核心、中间渐次过渡层和家庭家族等基础单元层，形成有序的组织控制系统。长此以往，相伴生的作为族群凝结剂价值伦理体系也随之成熟与完善。所以，"差序格局"的产生并非是谁的心血来潮的懵懂创造，而是一种历史总结，并最终以成文的形式固定下来而已，成为一个民族共同体的积淀浓重的心理集体无意识。

所以，以生存为基本人生目的的"生存本位"制，用以保障维持庞大群体的稳定与安全，这是后世所有的理论、学说和人生理想、观点构造等全部都是围绕它来进行和展开的终极目标和归宿，这也是其全部的文化内涵，并且也没有再扩张其他的文化单元要素。这应该是我们理解东方文明历史的关键扭结点和有效又极为锐利的钥匙。

只是，儒学的"差序格局"其实也并不是简单的等级制，而是带有所有制性质的归属模式，亦即：宗法制度内部的上下等级之间不仅是严格隔断、分离的，而且从社会关系、财产所属等社会要素直至扩展到人格、人身等个体要素都有归属性，直到灵魂深处的精神控制特质。中国古代依照儒家这样的社会理想构筑的社会组织、社会伦理秩序和物权所有制、社会心理之间形成了具有因果关系的上层建筑动态体系，这种文化规范模式根源就在于亚细亚生产方式这个经济基础。所以为何恰恰是在此时儒家以及其他诸子百家出现，且儒家最终会得以胜出，就在于"经济基础决定上层建筑"这个基本原理上：战国时期铁器的出现，极大地刺激、促进了经济发展。物质生活的丰富和生存保障程度的提高，会反过来促进诞生了这种

119

生产组织和生产力的社会结构机制有效、高效运转的稳固和精致化。适应且能够强化这种生产力组织模式的儒家学说由此而应声而出。只是此学说提出的人员和时间是随机的、偶然的。所以我们有理由把它称作"历史的选择",也是先民们的集体的"共同选择"。

可是李泽厚所关注的也没有给出明确答案的生产力为何至此戛然而止的问题,以及亚当·斯密所难以理解的古代中国的"海禁问题",康德的"剩余精力"扩展精神内涵的动力要素问题学说的适用性问题,和东方思维方式和民族性格的关系等许多相关问题,解读的全部密码都在这里:特定的生产力铸造的经济基础和为了适应它而建构的社会组织形态,以及适配的意识形态价值体系。这个历史任务业已完成,生产力的进一步发展和前进的动力即付阙如。

反过来,依照马克思主义"经济基础决定上层建筑"这个基本原理可以由此推定,生产力的进一步提高会对已有的群体组织建构秩序造成后果不确定的某种动摇。这是上古时代的人们能体察到的,但也更是人们所不愿意看到的结果,已经形成的思维定势决定了谁都不愿意动摇这个古老的社会组织模式。所以,尽可能地发展生产力以便更好地解决人们的生存问题、进而发展和扩充其他生命内涵,自然就不会被结构之中的全体成员所接受,因而就只能维持现状。不仅是这个系统的主导者不愿意改变现状,即使是处于最基层的人们也在历史集体无意识的心理结构浸染中,也不可能有所改变。文化的固化功能一直在发挥持久而又牢固的作用。因而,亚当·斯密所不解的敬服的东方辉煌和生产力停滞的现象,就很好理解了:"中国一向是世界上最富足的国家,就是说,土地最肥沃,耕作最精细,人口最多而且最勤勉的国家。然而,许久以来,它似乎就停滞于静

<<< 第七章 墨子、孟子与荀子道德理想的现实适用性之历史文化比较

止状态了……中国下层人民的贫困程度,远远超过欧洲最贫乏国民的贫困程度。"①

能够动摇这个结构的就是形成这个结构的最初因素:生存受到了威胁。在这种状态下,儒家伦理准则很可能被生存主题完全摧毁,会随同整个组织体系暂时性彻底瓦解。显示了其本质上具有一定的脆弱性和有效度的相对性。这个历史情形也是"五德终始"和谶纬学说最盛最时兴的时候。所以,"王侯将相宁有种乎""石人一只眼"和阿Q"造反了、造反了"等寻求生存再保障的目的诉求会不时拆解这个结构大厦。除此之外的动摇力量是来自外来的生存能量的注入,只是需要它具有足够的能量值。事实证明,佛教、伊斯兰教、基督教文明等等外来文化熵值都不充分。这也是"新儒家""新新儒家"等杂糅性理论学说不断翻新的文化现象一再兴起的根本原因之一。维持自组织系统结构运转的能量值不仅强大,而且容纳、吸收和改造外来能量的功能也不可小觑。

所以,中国古代以"儒家理性"建造起来"差序格局"伦理规则和"天人合一""内圣外王"等道德理想,正是由于其完全适配于其高度集约化和高效率的社会组织结构,它保证了社会群体的高度凝集性。因而历经历史延宕和几经嬗变,才最终确定儒家道德观念成为民族文化的精髓和古老族群的精神依托、精神信仰。并且,这种内力也反过来作用于社会组织结构,使之更为牢固、稳定,其凝聚、集结的文化熵值更高。

所以说,每个社会形态的文化内在机制的诞生和发展演化,都

---

① [英]亚当·斯密. 国民财富的性质和原因的研究(上卷)[M]. 郭大力,王亚南,译. 北京:商务印书馆,2007:65—66.

必然与其物质条件紧密相关，也和其民族群落的精神内质、智性要素、文化品格的理性程度等等相匹配、相对应、相关联。

二、墨子的政治主张与道德理想再辨析

《吕氏春秋·不二》有言："老聃贵柔，孔子贵仁，墨翟贵兼。"这是众所周知的一个事实：墨子首要的道德主张就是"兼爱"。我们说，任何理论和实践行为都应该有一个目的和明确的指向，这是人的智性决定的。老子的"柔"指向的是"以弱示人"，但是并非是真正的弱势、软弱，而是一种以弱胜强、高居人生精神境界最顶端从容不迫的雍容的处世态度。至于孔子的"贵仁"则就另说了，李泽厚就以"仁学结构"指称全部的"儒学思想"。但是我们说，其实至少它并不是儒家思想的终极性目的："仁"和"礼"一样，在孔子的理论中仅仅是一种手段，他的目的在于建构和维护一种社会组织结构，也就是尊尊亲亲、爱有差等的"套筒式锥形层级结构"，自上而下逐级有序扩展。而保障这个结构稳定性的方式就是人心的稳定，能够达到这样的目标的方式有文武两种手段——秦始皇牧民式暴政的硬性武力稳定，再就是软性的道德伦理的价值系统架设。

墨子的政治主张和道德观念的核心确实就是"兼爱"，其余的思想学说，诸如"非攻""尚贤""尚同"等，都是围绕它来服务的。然而"兼爱"一说也并非是目的，也是一种手段，它是功利性的，最后只要达到的目的是"交相利"：利益共享和均摊。这是世俗道德的共相。

所谓的"兼爱"就是人际间不分彼此，不论亲疏，无差等地爱

第七章 墨子、孟子与荀子道德理想的现实适用性之历史文化比较

一切人。在《兼爱中》，墨子云："然则兼相爱交相利之法将奈何哉……视人之国若视其国，视人之家若视其家，视人之身若视其身。"

"诸侯相爱则下野战，家主相爱则不相篡，人与人相爱则不相贼，君臣相爱则惠忠，父子相爱则慈孝，兄弟相爱则和调。天下之人皆相爱，强不执弱，众不劫寡，富不侮贫，贵不敖贱，诈不欺愚。凡天下祸篡怨恨可使毋起者，以相爱生也，是以仁者誉之。"

"兼相爱，交相利"是墨学的总纲，是我国传统伦理思想之中，与儒家、道家思想相齐肩而并列的一个新的道德维度。孔子的"仁者，爱人"观念是建立在以"君君臣臣父父子子"宗法等级制度和宗亲关系基础之上的伦理规则。而墨子的兼爱学说，则是对宗族亲亲关系和尊卑等级特权制度的根本否定。这种似曾相识的类似于"爱邻如己"的主张，作为一种美好的理想曾经喧嚣一时，比如孟子就曾尖锐地指出："圣王不作，诸侯放恣，处士横议，杨朱、墨翟之言盈天下；天下之言，不归杨则归墨。"但随之即痛斥曰"杨氏为我，是无君也；墨氏兼爱，是无父也；无父无君，是禽兽也"（《孟子·滕文公下》）。

"兼爱"思想既是墨家追求的最高的道德境界，也是其政治理想。但是，墨子的这种"爱无差等""不辟亲疏"的思想，是一种中下阶层要求和平相处、平等互利的善良愿望和美好理想，但是如前揭，完全不符合中国古代社会机制的结构原质，它的命运也是历史的必然。

所以，在当时的社会文化意识里，墨子的学说固然产生了巨大的思想影响，在一定范围之内也受到某种程度的欢迎，也起到了一定的、积极的历史推动作用，但是总势态很显然是处于弱势的，显

赫的命运也是短暂的，甚至都未及秦汉，自与儒道无法相提并论。

墨子还提出了其他理论，比如"尚贤""尚同"等主张："入国而不存其士，则亡国矣。见贤而不急，则缓其君矣。非贤无急，非士无与虑国。缓贤忘士，而能以其国存者，未曾有也"（《亲士》）；"是故国有贤良之士众，则国家之治厚；贤良之士寡，则国家之治薄。故大人之务，将在于众贤而已"，"得意，贤士不可不举；不得意，贤士不可不举……入尚贤者，政之本也"。（《尚贤上》）不一而足。

但是我们说，这些类似的主张都是"兼爱"思想所派生出来的，附属于"兼爱"思想，并不具有独立价值意义。也就是说，前者如果可行、可以付诸实施，后者的可操作性和现实意义不言而喻。但是，假如前者是虚性存在，则后者也当为雾岚云烟。兼之，墨子的"官无常贵而民无终贱"之类似说法，在整个塔形体系之中是完全不符合结构需要的异质性思想，自然会最终被毫不犹豫地予以放弃、排斥。所以，李泽厚在其《中国古代思想史论》之中所断定的墨子之学秦汉之后尚有余绪，难说有多少道理，理由很牵强。①

总而言之，"兼爱""非攻""尚贤"等墨家的社会道德理念，与儒家以及其他诸子百家一样，其构想的出发点均是为了维持社会群体结构的秩序稳定，这也是其最终的理论归宿。只是其学说并不符合东方式人们的生存状态和生存观念。它与世俗社会崇尚集体观念有着根本性的矛盾冲突。泛众平等之说，只有在崇尚个体价值本位的社会体系中才有意义，其伦理理想才有付诸实践的可能性。因

---

① 李泽厚. 中国思想史论三部曲[M]. 天津：天津社会科学院出版社，2007：24.

为个体独立不仅仅指的是个人权利的独立，也包含着思想、观念以及各项社会权利义务等等要素的分别独立。

三、孟子、荀子的政治主张和道德理想之历史适应性比较

孟子有个著名的论断："民为贵，社稷次之，君为轻。是故得乎丘民而为天子，得乎天子为诸侯，得乎诸侯为大夫。诸侯危社稷则变置。牺牲既成，粢盛既洁，祭祀以时，然而旱干水溢，则变置社稷。"（《孟子·尽心下》）

但是人们在引用这段话的时候，仅仅以偏概全地只注意了"民为贵，君为轻"之说予以渲染，往往把后面的内容忽略了。即便如此，这个提法也极大地触怒了明太祖。其实，后文的"得乎丘民而为天子，得乎天子为诸侯，得乎诸侯为大夫。诸侯危社稷则变置"方才是其焦点、重点，此为"孟学"之要义之一，它在其理论中具有核心意义。因为它承接的是"王道"与"仁政"理想，只不过前提条件是"得乎丘民而为天子"，亦即"保民而王，莫之能御也"（《孟子·梁惠王上》），王权需要得到黎民百姓的拥护。得到黎民百姓的拥护才能王位安稳，而得到天子的欣赏才能做得诸侯，得到诸侯的信任才可做得上士卿大夫。这当然是计无所出的限制性思想之学说。所以，这几乎就是荀子的"明分使群"主张的翻版，与孔子的等级制伦理规则也完全一样，并无二致，也是前述所谓之族群稳定性保障的行政裁决权需要高度集约化的集中体现："是故明君必制民之产，必使仰足以事父母，俯足以畜妻子，乐岁终身饱，凶年免于死亡。"（《孟子·梁惠王上》）只有这样群体性的生存安全才可得

以基本保证，所以以此上推，完全是古老历史大背景下的文化必然逻辑结局，也是经济基础决定上层建筑的典型文化范式和诠释。

如此，维护整体群体秩序的道德准则才能有效："民之为也，有恒产者有恒心，无恒产者无恒心。苟无恒心，放辟邪侈，无不为己。"（《孟子·滕文公上》）而反之，则结果就是"桀、纣之失天下也，失其民也；失其民者，失其心也"（《孟子·离娄上》），社会秩序和道德伦理体系就会一同崩溃。所以，孟子所谓之"王道"，即"以德行政者王"，就是把所有的治世理想和希望全部寄托在了君主、天子的"仁政"的行政伦理之上。

这就是孟子全部学说理论之理想性和最终目的所在：族群内部结构的稳定性全部维系于最高组织者，因为他真诚地信奉人人有恻隐之心这个逻辑先决条件，其中也包括王者："先王有不忍人之心，斯有不忍仁之政矣……行不忍人之政，治天下可运之掌上"（《孟子·公孙丑上》），并以商汤、周文王之王道为例："以力假仁者霸，霸必有大国；以德行仁者王，王不待大，汤以七十里，文王以百里。以力服人者，非心服也，力不赡也；以德服人者，中心悦而诚服也。"（《孟子·公孙丑上》）但是，孟子的学说对此也并非毫无保留余地，也就是说，他并不否定"人性恶"的个例出现。如若果真如此，则直接宣判当道者为"闻诛一夫纣矣，未闻弑君也"（《孟子·梁惠王下》）。其实，此说也就隐含了"汤武革命"和谶纬学说之儒学的另外一个道德规则的维度。也可以看出，孟子和荀子一样，政治伦理主张的出发点是基本一致的，那就是"群"：集体生存利益至上，共生共存。这也就是儒学最高治世人生理想所在："不患寡而患不均，不患贫而患不安。"至于其理论的可行性，还是计无所出。这

第七章 墨子、孟子与荀子道德理想的现实适用性之历史文化比较

种局限性也是经济基础所能决定的上层建筑思想的一部分，这种决定性圈出了历史文化的界限，其时代的文化固着功能决定了当时的人们不可能有其他维度的思考和衡量。所以，显然孟子没有考虑到"诛一夫纣"会使得一个巨大社会群体所要付出的成本有多高、对社会自身的危害有多大，更何况单单能界定何为不仁、何为不义，以及"不仁不义"的程度就足够难为的了。

孟子的正面主张是和反对杨朱、墨子思想同时并行的，这一点也是与中国古代社会的普遍逻辑思潮和人们的基本生存方式对应的。且看他匪夷所思的诟骂："杨氏为我，是无君也；墨氏兼爱，是无父也；无父无君，是禽兽也。"（《孟子·滕文公下》）这短短的几句话含有以下三个层次的意义。

第一，族群生活伦理要有君有父，也就是孔子的"君君臣臣父父子子"，这一点是绝对的，是不可丝毫动摇的元规则、第一规则。也正是它，最适合于古老民族最初约定和构造的社会组织结构和宗法制度。

第二，君父同构，是一体的，层级体系的集中体现。而这个内部等级制是绝对的。正如笔者一再强调的，这个结构的层级之间具有所有制的关系，规制不具有流动性，但是，其间的群体成员的身份地位却是可以变动的。商鞅变法就是沿着这个思路而展开的。这也是"穷则变、变则通、通则久"这个世俗规则的逻辑结局之一。这也是战国时期与此前的历史文化之完全不同的地方，是合乎历史发展的必然逻辑结局。

第三，反对墨子没有问题，因为二者的理论是针锋相对的。但是，对于杨朱来说却是南辕北辙，这就是出世与入世的区别。于此

可以说，孟子是在河岸这边行走的行者，与对面河岸毫不相干。

而后世尊儒甚至厚孟的人们，却往往是"外儒内道、儒显道隐、外儒内道、儒中有道、道中有儒"，没有谁把孟子的这个"禽兽"之说当真放在心上。汉代佛教传入之后杨朱所开启的老庄意识就更加深入人心，即所谓儒道释三家合一：士卿大夫们出处自如，身体和精神于江湖与庙堂之间游刃有余地行走，进退裕如。

后世黄老之学之所以如此显重，很显然，和人们在现实之中的出世境遇有紧密的关联：首先是这个自古形成的世俗体制自身结构不稳定。来自最高阶层的压力（亦即"政统"与"道统"之间的矛盾）、同阶层的权力之争、内部利益纷争以及"名节"之虑等等，使得士人们往往前景未卜、难可逆料。即使是"一人之上万人之下"的首辅阶层，甚至也常有身家性命之虞。"竹林七贤"就是其中很显著的例子。嵇康赴死，阮籍开悟。其实历次王朝更迭之初和动荡岁月，更是通例。如此，佛道之处所和摇摆于"出处之间"的终南山，便成了人们最好的精神寄宿之去处。其次，勘破人世、超然世外的个人体悟，是一条贯穿几千年绵延不绝的精神隐线，这也是人类智识可通约的精神现象。孟子于此不解，只用此岸世界的套子去生搬硬套，凭空落闲话。

但是，即使"非汤武而薄周礼""越名教而任自然"而崇尚老庄的决绝的嵇康们，却是绝不会真的放弃儒家信仰的。他们的率性而为、超尘拔俗、清高脱俗和慷慨任气只是摒弃不合乎凡俗的繁文缛节，也是另外一种反抗时势的姿态，但是他们自有其底线，那就是必须恪守的"忠孝礼义"之伦理纲常的孔学规范。这是人们的生命根本与依据，所以骨子里仍然是入世的，这是深入骨髓的集体无意识,是绝不含糊、也是马虎不得的自我心理约束。所以,所谓的"越名教而任自然",仅仅是一时的激愤之语,正所谓"爱之深、恨之切",是完全算不得数、当不得真的。

其实出世的临界点应该选在其后的陶渊明身上。之所以如此说,是因为在人伦家常道理上,淡泊物事的陶潜也未透露出足够的信息来说明他更接近于、更合乎于老庄的精髓。而正是这一点,才是"儒道"泾渭之确定的分界线。倒是墨子的"兼爱"和佛教的"空相"却是在这里交接的。其实先秦学说中真正能做到"越名教"的就是墨子——儒学的冤家对头。现在看,孟子的"不归杨则归墨"这个说法很可疑,很可能是夸张了,至少有些片面。"天下之大莫非王土,率土之滨莫非王臣"这话可不是白说的,这是集约性社会组织体制原则的最高总结。

因而名副其实的"越名教而任自然"有两种情形:一是墨子式的、与"差序格局"对立的另外一种入世姿态——兼爱。它与西方基督教义的"爱邻如己"近似;二是道家与佛学的"出世""觉悟"。而这是孟子的直线思维所绝难容忍的。

其实,岂止是墨子,凡是与古老民族最初的"共同选择"的、以生存原则至上为则相抵牾的说法理论最终均为异端。所以墨学绝迹的命运是历史必然,人们也不大可能接受所谓的"大秦景教"或者其他什么宗教,对于道家的信仰也是似是而非。严格地说,即便是佛教,人们接受它也是很勉强的,其影响的范围也是极其有限的,且还需要大加改造、为我所用。究其根本,如前述,所有人等的所有作为和内部行为准则均要完全服从于集体安全和生存需要,而于此儒学伦理是最适合的或者说是最接近的。所以,同是入世的墨学与儒学这两条根本性矛盾的前行轨道不可能有交叉,历史发展轨迹也说明了这一点:儒学的胜出是必然的。但是,笔者要强调的是:即使是儒家学说的绝对权威性,在有些时候也是要打折扣的。这就是世俗伦理的自身结构的困境。此说笔者曾另文详述。而孟学作为儒学的一个政治伦理的高端理想,其发展线索仅仅局限于"道统"一脉从未于"政统"彰显过,但是其生命力的强度力度却难以小觑。其高强度的生命力之源还是人们的生存至上原则。

荀子"明分使群、求定息争"的政治、伦理主张与孟子相对,是儒学的另外一条线。但是其理论渊源亦源出孔学,这是没有疑问的,也与孟学一样是根植于稳固群体的生存安全、民族大义之考量。其所有的学说也都紧紧围绕这个核心展开:

"故百技所成,所以养一人也。而能不能兼技,人不能兼官,离居不相待则穷,群而无分则争。穷者,患也;争者,祸也;救患除祸,则莫若明分使群矣";"人之生不能无群,群而无分则争,争则乱,乱则穷矣。故无分者,人之大害也;有分者,天下之本利也;而人君者,所以管分之枢要也。"(《荀子·富国》)

"力不若牛,走不若马,而牛马为用,何也?曰:人能群,彼不能群也。人何以能群?曰:分。分何以能行?曰:义。故义以分则和,和则一。"(《荀子·王制》)

荀子的考量依据是"群而无分则争,争则乱,乱则穷矣"。解决的办法则是"人君者,所以管分之枢要也"。可以看出荀子的出发点就是集体生存安全:不能乱,不可乱。而掌控局势的任务只能由"人君"来完成。这个总体思路沿袭的是诸子百家们的学说根脉,为诸子百家思想的共相,更是儒学主张的根本所在,也是最初的先贤

第七章 墨子、孟子与荀子道德理想的现实适用性之历史文化比较

们所设计的适应于生产关系的特定的上层建筑结构模式的理想的政治伦理观念构想，也同样是集体选择的结果和总结。只是荀孟学说这两家在学术史上一直扞格龃龉，和孟子不同的是，荀子在其后的历史上即使不是寂寂无名，却也很少有人提及。这是很有意思的事：无论哪一方，对此都是默契一般的保持沉默。或则，论题绕开其核心观点。就只有谭嗣同说出了类似于"两千年之荀学"的寂寞之言。

但是一般来说，人们都一致认为，因为其思想方法之故，使得荀子之学更接近于法家。虽则早有"普天之下莫非王土"之类说法，虽则这也是古老规则的必然归结，但是事实上远未及几乎是绝对的无限制集约程度。而荀子则从"群分"这个思路上在儒学一侧为其提供了理论根据性和合理性的问题，显示了他作为儒家中的法家一路的鲜明立场，有意无意地为法家"术""势""法"学说提供了学理上的支撑。虽则，荀子也如孟子一般留出了余地，但事实证明似乎更像是象征性的规劝，没法当真，正如李泽厚的分析判断：荀学"赢得了对君主统治的现实论证，实际上是开创了后世以严格等差级别为统治秩序的专制国家的思想基础"[1]。

总而言之，荀子的观念出处就是这个"群"，这个群的安定与安全利益高于一切，而能够达到这一点的就是强效组织结构和强力机制。其实再看其他的一些先哲哲学思想，与荀子都有着共同的或则近似的思维特征。因为都应和了东方民族的生存环境、物质条件和由此建立起来的社会组织方式，它的世俗性特质并非是凭空产生的，它所有的人生理想只适合于类似的物质性先决条件，所以墨子之学无以立足，所以荀子的学说会如此的强大。尽管古往今来的议论卷

---

[1] 李泽厚. 中国思想史论三部曲[M]. 天津：天津社会科学出版社，2007：43.

帙浩繁，但是我们应该清醒地认识到：所有的解释都应该建立在经济基础决定上层建筑这个基本原则之上。否则，无论其叙事理论多么宏大，则结果更是隔靴搔痒。

所以，就儒家和墨学的现实适应性来说，李泽厚之见确实很深刻："前者由于具有现实的氏族血缘的宗法基础，获得了强有力的现实支柱；后者要求无分亲疏的兼相爱以免与战乱的大功利，反而成为脱离实际的空想。"①

四、历史文化的集体选择性质以及历史延续性及其现实意义

不论是荀子还是孟子，抑或是孔子，其理论都根源于实然存在的必然的社会发展之现实。诚如马克思所阐发："人们自己创造自己的历史，但是他们并不是随心所欲地创造，并不是在他们自己选定的条件下创造，而是在直接碰到的、既定的、从过去承继下来的条件下创造。"②

笔者也一再强调，古老东方的集体生存观念源出于、适应于大规模的集约化生产方式，特别是特有的地理环境造就的农耕生产样式：统筹水利活动、耕作活动以及产品、利益等产品和资源的分配，群体内部责权利的划定，应对外敌入侵和自然灾害、维持内部的稳定和谐等常态和非常态的大规模社会变动。所以集约化的社会生产管理组合形式的产生也就成为必然。历史本身和发展进程的轨迹就是不言自证的明证。就这个因果关系的文化特征来说，"正是这个君

---

① 李泽厚. 中国思想史论三部曲 [M]. 天津：天津社会科学院出版社, 2007：21.
② 马克思恩格斯选集（第1卷）[M]. 北京：人民出版社, 1995：585.

<<< 第七章 墨子、孟子与荀子道德理想的现实适用性之历史文化比较

主专制主义、禁欲主义、等级主义的孔子,是封建上层建筑和意识形态的人格化总符号"①,所产生的"经济基础"根源就在于他断言的"生产水平非常低下的古代条件下"这个历史事实。历史上生存资源的匮乏和庞大的人口基数之间的尖锐矛盾一直没有得到解决,基层人们匪夷所思的贫困状态、生存窘境,让亚当·斯密、黑格尔、罗素们难以置信。所以,孟子的"保民而王、莫之能御"与荀子的"名分使群、求定息争"的社会财富的处置设想与渴求社会秩序安定的思想看似不同,却是问题的一体两面、互为补充的。只是荀子一派和法家思想,更适应于这种集约式文化范式。其学说不仅仅局限于体制顶端,也深化在文化系统和亚文化系统社会生活的方方面面,以及每一个组织成员的灵魂深处,并且其文化固有功能也决定了这种状态是无可更改的。

由此而言,不论是荀子还是孟子或其他人等,也都是在仅仅做各自的总结工作,历史不可能是由某几个人来书写,无论他的能量是多么巨大,这就是当事人群在无可选择的条件和情形下所做出的集体性选择的历史文化结局。正如冯友兰先生所言,这是一个深刻历史背景下的总体历史趋势:"秦皇、李斯行统一思想之政策于前,汉武、董仲舒行统一思想之政策于后,盖皆代表一种自然之趋势,非只推行一二人之理想也。"②

所以,这里没有偶然性可言,全部都是历史自己书写的逻辑必然。除了战国墨子学说、汉初的黄老术、魏晋玄学、唐初的佛学等等几家学说在其间做过短暂的插曲,再也没有很有特色的理论在思

---

① 李泽厚. 中国思想史论三部曲 [M]. 天津:天津社会科学院出版社,2007:11.
② 冯友兰. 中国哲学史 [M]. 上海:华东师范大学出版社,2000:296.

想史上占据过一席之地并对于历史进程产生过重要的影响。最多也就是作为陪衬或者间接的辅助作用甚或是某种理论支撑,才有了一定的生命力。儒道释之中的"儒"与"释",还有就是道教等,即是如此。且不说人们对于原始道释有多少真正的理解和诠释,即使是愿意躬行实践,对于贡身于宗法组织结构之中的士人阶层来说,其可能性也不大。最多也就是作为一种"放浪形骸"的精神寄托,无可奈何地故意为之者多。一则,士卿大夫本身就晋身于世俗社会的原始结构中,面对功名利禄物欲的诱惑和"修齐治平"的儒学"浩然之气",出世自修甚难;二则明初在南京腰斩了践行"不召之臣"这个孟子所神往的理想人格的高启,就是一个结构内训诫式的标志性典型事件和历史总结。即使是明中期的心学领袖王阳明,也是无可选择地做了诸多荒唐的无谓的应付行为。想必这都是孟子当初无论如何也难以预料的宿命与结局,却是荀子思想合乎逻辑的历史归结。而所有这一类的文化见证,或明或暗、或多或少地隐含着儒家理论所倡导的伦理文明骨髓。这就是古老族群几千年顺应自然造就的文化之根本。

以生存为根本目标造就的物质性、世俗性的社会机制,维系它的社会规范也是功利性的。彼岸世界的精神要素可以促使成员内察与自律,但是如果没有自我监督行为的伦理内省机制,那么长此以往,此岸物质目的性生活模式就会对社会道德载体的心理产生恒定性、持久性的、顽固性的且具有历史惯性特征的"冰冻三尺"式的深刻影响。这种世俗伦理特征的内在影响有时会常常反过来最终作用在社会肌体本身。这种作用力或反或正,但无论如何这都是集体性顺其自然而创造和维持的,当然也是个人或者小群体无可改变的

第七章 墨子、孟子与荀子道德理想的现实适用性之历史文化比较

历史结局,不管其有多大的历史影响,譬如墨子。

整个社会文化系统的有序性本身就构成一个因果关系的链条,行政系统、价值系统和生产系统等,作为复合因素共同决定了社会伦理体系的性质和运转模式。每个单体成员都是其中的一个文化符号,承载着相应的完全的文化内涵和人生理想指向与归宿。就像麦金太尔的深刻洞见:"个人具有什么样的目的、需要、价值,将取决于他所属的社会制度的性质。"[①]

而在没有完全异质的、且具有绝压倒优势的外来能量摄入的情况下,自造熵值是不可能的,所以就只能一直延续着同一种的统一化模式的文化统绪。固有的东方文化模型且也正是沿着儒家思想、特别是荀子所设想的那样的组织结构运行轨迹有序前行。而每个道德主体都被裹挟着一同对文化内质加重加厚。

总而言之,中国古代儒家道德学说的中轴线"君君臣臣父父子子""亲亲尊尊"和"忠孝仁义"等纲常伦理规则,有效地支撑了中国古代社会的宗法制度和社会伦理秩序,铸就了君臣民各个阶层结构有序凝结的均衡的历史文化构架,以及与之相对应的宗法伦理结构和宗法制度结构,塑造了生命力持久而强盛的东方文明精神内核。但是,延续两千多年的儒家社会设想和实践之中又蕴含了极为厚重的,具有恒久心理惯性力的,具有历史固化状态特性又韧性十足的社会心理糟粕性内容已经不再适应变化了的异质的当代新时期的形势,也相对阻滞了符合我国国情的当代社会主义新道德文化在新时期历史发展。因此,针对复杂的历史文化积淀,要完成以促进

---

① 阿拉斯代尔·麦金太尔. 伦理学简史 [M]. 龚群,译. 北京:商务印书馆,2004:240.

和谐社会的建构，实现前所未有的伟大的"中国梦"，就必须首先要清醒地认识原有的文化内质之本性所在，这是必须要解决的先决条件，也是必要条件。没有这个前提，所有的后续工作和前行的理想很可能都是虚幻的、无的放矢的无用功；其次的工作就是寻找根本性的且有效的富有针对性的干预方法，建立起针对历史文化的富有巨大弹性力和可塑性特征的可操作的应对方式和原则。因此，深刻认识和改造原有的具有惰性力的文化内容，代之以既可行、实用的，又合理、优良的有精神品质的社会意识是完全必要的，也是完全可能的。这样的社会意识成功变革的先例前事离我们不远。比如20世纪70年代末、80年代初的"真理性问题的讨论"和"改革开放"政策的实施，就迅速改变了积聚已久的惰性的社会思想状态。只是我们也应该清醒地认识到，这也将是一个较为复杂和缓慢的过程。事实证明，揠苗助长既不可能，在实践中急功近利也是十分有害的。因而"物质文明"和"精神文明"要"两手抓、两手都要硬"的基本原理和理论出发点，也是实践论的目的性旨归所在：先进的社会主义理论新形势下的观念意识必须优先倡导；而后，推动正义性的社会结构改革和进步的历史趋向就势在必行了。这应该是建造新时代社会价值体系理论和付诸社会实践的基本共识："社会基本结构是正义的主要问题。这意味着首要的分配问题是基本权利和义务的分配，是社会和经济的不平等以及以此为基础的合法期望的调节。当然，任何伦理学理论都承认社会基本结构作为正义主题的重要性……"[1]

---

[1] ［美］约翰·罗尔斯. 正义论［M］. 何怀宏，何包钢，廖申白，译. 北京：中国社会科学出版社，1988：85.

第八章 《三国演义》《水浒传》与儒家伦理的双轨型阐释结构

　　《三国演义》《水浒传》等中国古代名著标志着我国古代小说艺术的新高峰，其内含的文化意蕴具有重要的标志性意义。从伦理学角度解析这些名著，可推知中古时代道德原则、道德实践的状况以及这种伦理原则的本质特性：儒家伦理成为维系群体生活的规则是古老民族共同选择的必然结果。孔子的"君君臣臣父父子子"命题是具有所有制性质的等级制。但有关它深层结构的释义使得后世孟子和荀子两大派别产生了根本性的分歧且一直在延续有关其"忠孝礼义"实效性的争论。与道统并非完全协调的政统自行伦理体系以及它的历史道德实践具有不稳定性特征，却又把控伦理规则的解释话语权、终极裁决权，这种三线并行的伦理结构模式，既使得既有的社会组织结构的有序性时而面临困境，也使得"五德终始""公羊素王"等谶纬学说有理由成为一条伦理暗线贯穿历史。更使得儒家伦理自身就存在着矛盾性和双轨型特征，这样的综合因素就让社会组织结构和伦理建设的非同步性分离状况导致了古代社会伦理原则及其相应的道德实践活动随之同处不稳定性、非恒定性状态,并同时导致政权法统的正当性、合法性也始终处于脆弱的摇摆状态。这样的伦理系统和价值体系是民族群体原初于历史震荡中所主动选择的,其主导伦理原则与民族群落的生命存在方式有关。明清名著中所崇尚的伦理原则与上古经典的儒家伦理准则"忠孝礼义"有某种内在的承接关系,特别是《三国演义》和《水浒传》所蕴含的道德逻辑充分反映了上述信息:政统伦理失范带来的直接后果就是社会组织机制的失序和"公羊素王论""五德终始"等谶纬学说作为隐性道德释义维度的张扬、凸显以及偶发性决定作用。

一、儒家伦理的多重释义与道德实践的历史悖论

衡量、检测某一种道德系统的内部结构是否具有稳定性,依据的基础有二:一是观念意识、价值信仰;二是社会机制,也就是社会组织结构的有序性结构。如果道德体系不具备稳定性,很可能就是文化基因在这二者之中存在着某种缺失。

就古老的东方社会而言,上古时代的孔子虽然提出了君臣民的社会性职责的道德命题,却并没有意识到这样的伦理规范在实践中可能遇到的操作有限性的问题。倒是孟子和荀子分别作了各自理论阐释,提出了各自所认可的适应于社会实际生活的学说。比如孟子就意识到"御民而王"(比如后世的秦始皇就以"牧民而王"为则)的危险性,所以由此提出了"保民而王"的"仁政"之"王道"主张。但是,我们可以说他和孔子一样遇到的其实是延续性的同一个问题:如何保证道德主体据此而行的自觉性。董仲舒、韩愈、程朱、

<<< 第八章 《三国演义》《水浒传》与儒家伦理的双轨型阐释结构

陆王等,所做的工作依然是继续为这个既有的价值系统寻找终极依据。只是,这样的工作成就先不论,就其历史结局来说却是显而易见的:其伦理准则的实际有效性很有限,在道德主体的道德心理之中其实是内外分离的,自律性较为脆弱。

笔者一直秉持这样的观点:某个社会组织结构的有序性就是某个社会群体所赋予的各自社会成员所应该承担的社会职责是否具有历史正义性,如果具备的话又能否充分体现。如果社会组织秩序是合理、正义的,后者所有的一切均会是正向延续和良性运作的,即为社会常态。否则,一切都很可能会处于不稳固、不确定和恒动中。因为,前者是自变量,后者是因变量。所以,能否保证君臣民各自在社会组织结构的轨道上有效运行,前提就在于社会组织结构的性质。这个命题具有历史文化性,即在具体的历史文化情境中很可能是个标尺,也可能是历史悖论。我们从东方社会历史中看到的社会文化现象常常是:机制中的各个等级在历史长河中持续无序变换。即使是最高等级,也并非是恒定不动的。问题在于这种变动不居的情形并非是秩序化的、预设的,而是改变秩序的规则本身就是不规则的,也就是嬗变的,特别是在特殊的历史时期更是如此,更显而易见。

所以我们可以从中得出一个基本历史结论——实际上古代儒家相关的伦理原则在道德实践中的有效性不足,且释义模糊,甚至有时又自相矛盾。这样的含混的伦理规则既埋下了社会结构层次不规则常变的阴影,也是隐在的谶纬规则长盛不衰的根本原因。所以儒家伦理学说的结构形式构成了实际的双轨制:正统的"忠孝仁义"的"经学""显规则",和非正统的、主要流传于民间亚文化系统的

"五德终始""谶纬"之"潜规则"。

儒家之"经学"显规则要保证其实际有效性，孔子主张要依靠的同样是隐约模糊的内在的"仁"和外在的"礼"。这个主张在后世又继续阐释，以保障和巩固其学说的实际可行，并继而转化为道德主体的自律依据。这样的阐释主要分化为两派：孟子的"性善论"和荀子"性恶论"。而两人在一点上是完全一致的，也就是由此展开的，那就是"财产权"问题，也就是"物权"问题。这是所有问题的出发点，也是一定历史时期之内的各学科理论核心、人类生活归宿和人生指向。笔者一直认为，这是撬动人类文明进步的有力的杠杆。而一旦度过了某一个漫长的历史阶段，人们的物质生活得到了一定的基本的保障，这个论题理所当然不会再成为重要议题。

孟子著名的"恒产—恒心"说可视为儒学苦心孤诣之求索的一例："无恒产而有恒心者，惟士为能。若民，则无恒产，因无恒心。苟无恒心，放辟邪侈，无不为已。及陷于罪，然后从而刑之，是罔民也。焉有仁人在位罔民而可为也？是故明君制民之产，必使仰足以事父母，俯足以畜妻子，乐岁终身饱，凶年免于死亡。然后驱而之善，故民之从之也轻。"（《孟子·梁惠王（上）》）[1] 在此，孟子提出了"物权"重要命题，并同时指出了它的自变量性质。"恒心"则是因变量，物权决定道德观和道德有效性。正如杨国荣在其《中国哲学史》中所指出的："获得稳定的生产资料乃是形成稳定的道德意识的基本前提。从深层内涵看，恒产与恒心涉及人的需要与道德要求的关系。"[2] 这里所强调的恰恰是世俗社会物权、财产权对于道

---

[1] 孟轲. 孟子 [M]. 太原：山西古籍出版社，1999：14.
[2] 杨国荣. 中国哲学史 [M]. 北京：中国人民大学出版社，2012：52.

德规范在道德实践中是否具有有效性以及有效程度所具有的决定性作用。但是，古人断定孟子"迂远而阔于事情"也是很有道理的，因为"恒产"之物权主张与当时的社会组织关系和生产制度并不适配。君、臣、民三个阶层和三者关系之中，都没有建立对社会成员的物权有效的保障性约束机制——包括对皇权之外的任何阶层的财产拥有权力。所以"无恒产而有恒心者，惟士为能"这个判断的有效性也是有限度的、有条件的。比如，如果一个社会群体中，在财产权这个要素上人们在实践和意识中人为划分或自然形成了"肉食者"和"匹夫"两个对立阶层，那么社会组织结构和伦理建设的基础就很可能会变得很脆弱、松散，因为双方的伦理准则很可能并不重合，或者至少在内心深处是分化的。自从儒家学说被确立为唯一的游戏规则开始，实际执政者都极尽可能地利用手中的政治资源和话语权使儒家学说为自己所用，以此为依据和基点，最大限度地扩大政治生活的无限权威性、追求最大化的物质利益（仅仅就这一点来说，足以让儒学在某种程度上形成了理论上的困惑，更让后世硕儒沿着这个线索孜孜以求之）。与之相对应的是，历史却赋予基层民众相当稀缺、薄弱的权利，且历史物理生存环境周期性在良性、恶化间无序转换，相反却要承担相当多的与权利并不对称的义务和责任，因此他们的生存环境往往是严酷的。所以可以想见的是，一旦社会生产者的生存环境、生存条件得不到基本保障，那么首先为了求得生存权，争得原有的或者更好的生存条件，很可能就会付诸非常规方式或以战争作为最后的解决方式。而以武力方式解决权利问题在儒家的道德释义、世俗社会的伦理原则中却具有一定的合理合法性，这一点孟子和荀子的认识是完全一致的：

>贼仁者谓之贼，贼义者谓之残，残贼之人谓之一夫。闻诛一夫纣矣，未闻弑君也。(《孟子·梁惠王(下)》)①

>今之世而不然，厚刀布之敛以夺之财，重田野之税以夺之食，苛关市之征以难其事。不然而已矣，有掎挈伺诈、权谋倾覆，以相颠倒，以靡敝之。百姓晓然皆知其污漫暴乱而将大危亡也。是以臣或弑其君，下或杀其上，粥其城、倍其节而不死其事者，无它故焉，人主自取之也。(《荀子·富国》)②

孟子和荀子的这种表述其实并不简单：一则等于是把任何当道者都置于了道德审判台之上，二则也有意无意中暗合了"五德终始"学说、"公羊素王论"等非正统政治伦理学说。特别是在非正常时期，其理论就很可能会成为挑战现秩序的民间伦理和社会心理等非常规行为的理论依据或心理暗示，甚至有时会成为一种历史心理常态、集体无意识——甚至即便在和平时期。鲁迅先生笔下的阿Q"造反了"的"逆动"心理不能不说是一种很恰当的艺术化文化注解。

问题更在于："一夫纣"的标准是根本无法确定的，或者说，真正可以实践"五德终始"学说、"公羊素王论"的"更始"临界点是相当模糊的。再则，"仁政—暴政""王道—霸道"是两对反对概念而非矛盾概念关系：不"仁政"也不一定就是"暴政"，而即使予以肯定就是则又当如何？所以这都使得社会政治伦理的解释标准根本无法统一，其最直接的后果就是对社会伦理结构的阐释始终处于非固定状态，形成事实上的双轨型二元结构。

---

① 孟轲. 孟子[M]. 太原：山西古籍出版社，1999：33.
② 王先谦. 荀子集解[M]. 北京：中华书局，2010：183.

<<< 第八章 《三国演义》《水浒传》与儒家伦理的双轨型阐释结构

　　杨国荣先生在其《伦理与存在》一书引用荀子的话时,就明确地表明了这样的忧虑:"所谓度或者界限,实际上蕴含了一种秩序的观念:正式不同的权利界限和行为界限,使社会形成一种有序的结构,从而避免了荀子所说的社会纷争……当情景的特殊性消解了规范的普遍性时,一切越轨或反常的行为便都可以获得合法的依据并得到辩护,后者无疑将使社会的有序进程面临危机,它对社会生活的生产与再生产过程的消极影响是显而易见的。"① 只是杨国荣"不在场"的论述把所有的主语全部省略了。

　　反之,我们可以看到另外一种历史现象:如果在位者礼仪合范,即使泛众的生存如何危机,都无法找到适宜的颠覆当政政权体系的借口,社会秩序依然是平和的。霸王硬上弓的历史情形虽然一再出现,但是罕有成功者。但是,我们往往看到中国古代历史常常出现的一种惯常现象:由于内因或者外因的作用,再或者内外交困,以至于行政系统控制能力严重削弱、失衡,致使"礼仪天下"者伦理失范,终于导致社会结构混乱和社会基础被削弱甚至崩溃。失去生活保障的下层群体自然而然就要因之而尝试改变现状,以期重构新秩序,恢复本初的、实际上规范作用在一定程度上同样受到限制的道德法理系统。对此,刘小枫的说法也是直指"君统"的政治伦理问题:"革命的前提正是:德与位的分离。若德者在位的话,革命是没有理由的。革命因于德者应当为王而没有为王。于是,在道德与政权之间就出现了张力,这本是自孟子以来讨论汤武的义与不义的

---

① 杨国荣.伦理与存在[M].上海:上海人民出版社,2002:43.

143

主要动源。"①

统治者竭力维持其伦理阐释权在位的合法性，而在野者则伺机颠覆之，成为贯穿东方古代历史的重要现象和文化内容；质疑与反质疑、反抗与维护既有的伦理法则成为古老民族社会文化的功能固着性特质，与国家、民族历史相终始。

所以，与历史事实的伦理乱象相比，儒家伦理系统中自己内部理论就存在着难以解决的释义矛盾和逻辑悖论："君君臣臣父父子子"是绝对的，"不君不臣"却是似是而非的。譬如始皇帝、桓灵二帝、隋炀帝、宋徽宗等等，似君非君；曹操和宋江等等，似臣非臣。而对应的民间衡量标准与道德准则和实践，也有自己的一套实际应对策略：你不仁，我不义。《三国演义》和《水浒传》就曾经让读者这样陷于和历史一样的纠结之中。

这样正反双向的道德指向、隐约闪烁的双轨型伦理准则，社会组织结构的矛盾性特质和与之对应的道德实践的反复错位构成的历史文化现象，组合成为中国古代的历代艺术文化、也是文学作品的核心主题之一。自《诗经》以降，在历代经典文学作品中，反映上层统治阶级内部的反制力量和来自下层民间的求生存和寻求基本道德解释权的非常规行为、心理愿望成为其重要内容。《三国演义》和《水浒传》可谓其中的典型。产生于元明之际的《水浒传》和《三国演义》等名著之中所反映的历史事件，同时也从一个侧面准确地折射出古代东方社会伦理准则、观念和标准的模糊状况和释义的混乱状态，也反映出某个特定历史时期社会组织机制的失序性内质。

---

① 刘小枫. 儒家革命精神源流考 [C] //刘小枫. 个体信仰与文化理论. 成都：四川人民出版社，1997：515.

<<< 第八章 《三国演义》《水浒传》与儒家伦理的双轨型阐释结构

社会组织结构和与之相对应的伦理体系的非对称性关系,造就了中国古代道德秩序必然性的历史逻辑,也具有了非同寻常的理论意义。

二、古代社会组织机制的间歇性失序与儒家伦理的两难性阐释的历史文化根源以及在明清名著中的显现

在上古的哲学百家争鸣的种种争论之中,其中的一个重要主题便是探讨如何建立古老华夏民族内部和谐有效的社会组织形式以及与之相对应的有效、合理的伦理规则。其时,儒家学说作为一家之言在各家学说的持续大论战中并未胜出,可以说当时的人们实际上是在以战争的形式来进行整体性的规则试错的——秦国就以自己的成功来证明了法家学说在富国强兵方面卓有成效。孔子周游各国却无功而返。儒分为八之后,孟子和荀子分别立足于"性善"和"性恶"两端作为社会设计坐标纵轴,各自构造了"仁政—暴政""王道—霸道"和"明分使群—人主自取"两条伦理横轴线。而孟子的"仁政"学说更被认为是"迂远而阔于事情":在治理国家、于群雄环伺之中使国家得以生存、强盛方面仅限于空谈而已。从这个角度来说,倡导"君为轻"的孟子被尊为亚圣不能不让人怀疑始作俑者有作伪之嫌,因为他被封圣的时代恰恰是中国古代算是最缺乏人道、对人的思想禁锢也是最为严苛的历史时期之一。

相信没有谁会认为孟子的"王道"主张完全是无理的,而只是说,严峻的国家生存形势和复杂的世俗社会的文化状况,都使得"战胜于朝廷"之类的理念纯粹是荒诞不经、不着边际的伪说和空想。

所以，我们有理由这样认为：古代华夏民族的历史以战争作为平衡物质资源的分配方式肇始，以暴力为手段来寻找和确立适合于庞大族群的最合理的生存方式、社会组织形式和人们在社会群体中的有效相处规则。

从这个角度来说，确实是孔圣人率先提出了历经两千多年而不衰的、更接近于最合理或者说最适宜于中国古代社会的完整的伦理系统。特别是其首要的核心的道德原则："君君臣臣父父子子"之"忠孝礼义"，证明最适宜于作为东方民众的个体、集体间处世信条。至少在孔子及其继承者看来，这是保障群体基本组织秩序的最有效的、最合理的第一规则和元规则。

孔子的儒家学说对于古代伦理的主要理论创建之一就是严格区分了政统、道统伦理与民间基层伦理两个不同层次的伦理系统——也就是"忠—孝"于"国—家"。他大体厘清了这两个层次的概念：在这里，"忠"不是"忠恕观"里面的伦理观念，而是"忠君"思想。忠君意识源于等级制度，而"孝悌"是取譬引喻，是忠君观念的延伸，属于等级制之中的下级规制（从这个角度来说，民间所谓的"忠孝难两全"谚语和孟子的"权"是个衍生的命题）。"君君臣臣父父子子"包含了"忠君"与"孝悌"基本二规则，也就是说，君与臣、父与子的关系是并列等同的，性质是完全一样的，是具有所有权、等级制性质的关系。从另外一个角度进行概念划分，就是君和臣、民（父子）间的三个等级的关系。

笔者一向认为：儒家伦理"等级制"之中的上下等级之间的"所有制"性质，是解读儒家伦理核心内质的最关键性钥匙。

第八章 《三国演义》《水浒传》与儒家伦理的双轨型阐释结构

如前述,孔子所确定的学说有一个根本性的问题没有来得及解决,这就是其伦理规则是否具有实践操作的可行性与有效性。或者说,他只是解决了伦理学其"应然"的问题,而没有解决其"所以然"的问题。

沿着这个思路,荀子一边继承了孔子的核心学说,一边进行该理论的更深入构建。他提出了君权、政统的必要性、权威性命题。荀子屡次明确宣称:"人之生不能无群,群而无分则争,争则乱,乱则穷矣。故无分者,人之大害也;有分者,天下之本利也;而人君者,所以管分之枢要也。"(《荀子·富国》)[①] 在这里值得注意的是,他的"明分使群"理论实质上等于把最高裁决权几乎是无条件地赋予了"人君",使得其学说更接近于法家。虽然此前早有"普天之下莫非王土"之类的说法,但是事实上远未及几乎是绝对的"无限制集权"的程度,荀子则从"群分"这个思路上解决了其根据性和合理性的问题,显示了他作为儒家中的法家一路的鲜明立场,为法家"术""势""法"学说提供了学理上的支撑。

需要指出的是,冯友兰把荀子称作"现实主义者",很显然,就入世操作效果而言,荀子之说不言而喻,很有实际可操作性和可行性。另一方面,冯友兰又把孟子称作儒家的"理想主义者"。这是因为孟子主张"保民而王,莫之能御也":王权应该有所节制,或者说正当性的王权要在"王道"的"仁政"伦理轨道上运转。因此才说孟子和春秋公羊、董子、韩愈等应该属于一个思路。孟子要力图证实的是:什么样的王权、也就是所谓"政统"才具有合法性。但是历史逻辑最终证实了,他的理想不管从哪个角度和意义来说,都是

[①] 王先谦. 荀子集解 [M]. 北京:中华书局,2010:179.

一个极具悲剧色彩的理想主义——历史赋予的烝民势弱，其佑护黎民的理论现实适应性、可行性不强。

董仲舒的"天人感应"理论和韩愈的"道统"说、朱熹的"诚意正心"之"理"延续了孟子的理想主义理论，但王权扩张的趋势依然依次而行，因为这是一个结构性问题，是这个系统自身随之伴生的、自身无法解决和克服的原发性矛盾。董仲舒可谓诚惶诚恐、苦心孤诣："故为人君者，正心以正朝廷，正朝廷以正百官，正百官以正万民，正万民以正四方。"① 对此，君统最直截了当的回应就是汉宣帝的千年箴言："汉家自有制度，本以霸王道杂之，奈何纯任德教，用周政乎！且俗儒不达时宜，好是古非今，使人眩于名实，不知所守，何足委任！"（《汉书·元帝纪》）② 秦皇汉武唐宗宋祖们所要实现、承传的主要任务之一就是要掌控绝对的社会话语权，并尽心竭力、甚至是不惜一切代价、不顾自毁长城以至于同归于尽的危险来维护、巩固对伦理、律法以及政治组织最终的裁判权、决定权。这也就是福柯著名的"话语权理论"："谁在说话？在所有说话个体的总体中，谁有充分理由使用这种类型的语言？谁是这种语言的拥有者？"③刘小枫在转述福柯的这段话时，则于特殊的语言环境中转换成了自己的具有特殊意义的语言："重要的不是知识说了什么真理，而是谁在言说和如何言说真理。"④ 至少可以说，言说者肯定不

---

① 班固. 汉书 [M]. 北京：中华书局，1999：1904.
② 班固. 汉书 [M]. 北京：中华书局，1999：195.
③ [法] 米歇尔·福柯. 知识考古学 [M]. 谢强，马月，译. 北京：生活·读书·新知三联书店京，1998：54.
④ 刘小枫. 臆说纬书与左派儒教士 [C] //刘小枫. 个体信仰与文化理论. 成都：四川人民出版社，1997：626.

第八章 《三国演义》《水浒传》与儒家伦理的双轨型阐释结构

是解读者、旁观者。话语权的拥有者所要做的主要工作就是改换、制造或者混淆语言的功能——也就是由他来规定或者转换语词的性质。四书五经和《三国演义》《水浒传》等难以尽数的古典文献典籍和艺术作品,以及类似于孔子、朱熹等诸多先贤的论说和著述,甚至是其历史人物的语言角色本身,都是在历史语言、艺术语言和宗教性这三种类型的语言功能中被以工具性为目的来改造和性质转换的。这是历史常态。

儒家之道统和王权之政统双方在法统伦理的合理性、正当性的评判上,在勘察与维护君权伦理的实践中的是非得失这个平台上不时相碰撞。但是,古老华夏文明文化的特质,使得主动权先天性就站在了政统一方,占据着压倒性的绝对优势。难以受到限制的政统权力之下,儒家工具论、世俗化趋向是不可避免的历史命运。所以汉景帝意味深长地如是说:"上曰:食肉者毋食马肝,未为不知味也;言学者毋言汤武受命,不为愚。"(《汉书·辕固传》)[1] 但从另外一个角度解读景帝之语则可以悟出两方面的信息:一则是其对于己方法统的合法性、正当性何等缺乏信心,二则是法家的绝对权威思想何等根深蒂固。

诚如刘小枫所言,在此类境况下,作为一个专制集权的集体,五德终始的政权循环谶纬学说不仅帝王厌恶,即使是晋级统治权力结构之中的文吏官僚集团也是持排斥立场的。

所以从有宋一朝直至清末,制度的成熟仅仅解决了皇朝的稳定性——基本消除了外戚干政、宦官乱政、藩镇割据和文人掌权等对皇权的威胁问题。但是对于皇权内部纷争,特别是来自"民心向背"

---

[1] 班固. 汉书 [M]. 北京:中华书局,1999:2679.

的民间质疑统治阶级拥有的权力是否符合执政伦理甚至试图于乱世中争夺话语权的伦理问题始终无法最终解决。所以，孟子"保民而王"学说和"公羊素王论"这一条暗线始终在实质发挥着重要的质疑作用，甚至可以这样说：这条暗线是如此的重要，以至于随历史延宕已经内化为民族心理的一部分。

在政治稳定性这个意义上来说，中国古代政治制度自宋代日臻完善与成熟起来，与之相应的是政治伦理和社会伦理的同步成熟。应该说，是与之相契合的哲学、思想先行一步，特别是程朱理学以及陆王心学、佛学（禅宗）等的理论推动，带动了伦理建设，才为政治机制的成熟奠定了文化基础。历史沧桑巨变促使这个古老的民族群体的智者们一再思考，如何使得集体共存原则如何更有效、更符合实际。这是一个民族群体的共同诉求：如何保证这个群体的集体生存安全。思想成效还是很显著的，比如制度和伦理的完善和成熟使得来自民间的大规模的类似于"灼木攻蠹""玉石俱焚"的事件渐趋减少、减弱。但是小规模的暴力活动几乎从来就没有消停过。究其原因，这仍然是群体组织制度本身的缺陷，系统自组织的无效性或低效性，使得只要条件适宜、许可，政统的合法性就会受到动态性质疑和非议，即使是相对更为成熟的明清两朝。所以作为统治阶层，所能做的工作最多也就是局部或者大体上做一些改革、改良、修补工作，以求得大体稳定，却不可能根本解决问题。在位者与在野者的对立和对抗依然是结构性的、原发性的，二者间并不存在矛盾互转的因果关系，这是无限制权力体制本身所伴生的必然结果和本然现象。

中古晚期文学名著《三国演义》所体现的伦理取向就是这样的

二元对立：正统与非正统之争，在位者与在野者的正当性、合法性之争。实际上汉末乱局也是这种君统与道统之间以及上层阶级内部的矛盾激化引发的结果，是两种伦理原则的正面冲突的集中显现。《水浒传》所反映的北宋时期以及其他时代类似的农民起义，却基本是政统伦理几近失范之后双方的直接对抗。《三国演义》和《水浒传》充分反映了这样一类道德现象的矛盾实质。只是，从《水浒传》的态度来看，纯粹的民间伦理和"道统"的道德立场并不重合——身负儒家使命的士子们是犹疑的，他们既不满宋末皇权的自身的伦理失序，也反对来自民间的自发对抗。

但是无论如何，君统、道统和民间群体三方都依然一直在寻求话语叙事权，力争合法合理的政治、生存伦理释义权，争取正统伦理法权。维持"君君臣臣父父子子"的金字塔政治结构的伦理准则的周期性失范和社会组织结构的间歇性失序造成的历史窘境，使得儒家伦理在历史关节点中总是显得那么贫弱与窘惑。

三、明清名著中"忠孝礼义"的伦理渊源和儒家伦理的工具性命运

《三国演义》与《水浒传》都出自元代话本，这个时期的文学名著也充分反映了当时民间和或者还有部分仕宦阶层的价值观念和伦理取向。但是"桃园结义"和"忠义堂""聚义厅"之间，存在着相近却也并不重合的伦理观念。

而本书之所以要以《三国演义》和《水浒传》为例，特别是前者，是因为自从宋明以降，至少是在民间的观念意识当中，其宣扬

的古代伦理价值准则是最具有代表性的,以至于直至今日仍然具有强大的生命力。我们也可以从这样的历史艺术作品之中,体味出民间亚文化系统和文人士大夫的精神骨髓里所深深烙印的、鲜明的儒家正统道德的理想性、纯粹性、深厚性特质,以及在具体的特殊的历史情形下儒家理想的悲剧性意味。

"刘关张"的"桃园结义",所凝结的叙事语义含有如下几方面内容:一、在野者要恢复往昔刘氏大统,或于乱世之中直接取得政权,借助于皇家血统争得权力空白之中的刘家统绪并继承并延续其正统、合法性。对于刘关张来说,此谓"忠",也为"义";二、固化等级关系。刘关张三人中,按照血统、身份和齿序来区分,刘为"长者",关张须尽"孝悌",此谓"义";三、君臣共存性。"桃园结义"之三人俨然就是君臣关系或者父子关系,于此等级结构之中各安其命。笔者一再主张:儒家的等级制关系是一种特殊的人际关联,上下等级之间具有所有权归属性质。

《水浒传》的"忠义堂"把"聚义厅"的"聚"换作了"忠",含义却并不简单:最终回归了"桃园结义"模式,是为取得存在的合法性和当局的谅解寻取伦理上的依据而以此做铺垫。它与"桃园结义"唯一的区别在于"忠义堂"里缺少了一个血统幌子;而"聚义厅"的语义中不包含"忠",其实也就是直截了当地表达了对现政权合法性的否定,几乎就是公然宣称当道者不合乎执政伦理,也就理所当然地失去了其政权的法理与正当性。这种情况下,需要在祖训既定规则之中进行话语资源再分配。所以"忠义堂"取代"聚义厅",就是否定之否定,承认现政权的合法性,以寻求既定权力结构中的合法地位与身份。

<<< 第八章 《三国演义》《水浒传》与儒家伦理的双轨型阐释结构

不管是《三国演义》还是《水浒传》的深层表述，都反映了当时的一种社会现象："五德终始说""公羊素王论"和儒家孟学一派的"保民而王"理论其实已经深入民心，在位者与在野者双方于此并无分歧或者已经达成了某种默契：无法认可无原则的君权一姓制，也就是说，它的合法性是有前提条件的。这个条件就是孟子的主张"保民而王"——至少能够维持臣民其基本的生存条件和可能性，虽然史实一再证实这其实是一个非常理想化的命题。

就三国乱象来说，"挟天子以令诸侯"的曹操就是在原执政阶层违背执政政治伦理、完全失去权威性之后，借机重塑象征性最高权威，以便于自己攫取实质性最高权力。这在中国古代政治权谋历史上，也算是借鸡生蛋、拉大旗作虎皮的经典大作之一。从这个意义来说，"桃园结义"中的刘备的角色和曹丞相几乎是完全一样的。刘备其实也是借尸还魂，借助的就是"皇叔"这个金字招牌。"桃园结义"就是依靠这样的名义，来寻求和构造自己的合法性的。这就是孔子在《论语·子路》里所称的"名不正，则言不顺；言不顺，则事不成"的公理性论断。但是这样的外在形式却是完全必要的，因为它最大限度地迎合了政权组织程序和伦理结构顺序，这就是儒家所倡导的社会组织原则核心"忠孝礼义"伦理原则。此为纲，其他等诸如忠恕、仁爱、纲常、礼义廉耻、温良恭俭让等主张和规则倡议都是为此服务的，为附属品和道义内容的补充。

在此有必要附带说一句：墨子的"非攻""兼爱"说虽然喧嚣一时，但是因为其理论缺乏社会心理依据，与世俗社会的组织结构原理并不适配，所以只能是昙花一现。

如前述，"忠"作"忠于""忠君"解；"孝"，孝悌，孝先悌及，这是忠君原则的延伸："其为人也孝悌，而好犯上者，鲜矣……孝弟，其为人之本与！"（《论语·学而》）①"忠孝"所对应的关系即是"君君臣臣父父子子"，最终目的就是要把这样的等级制、所有制关系固定下来，以保障部族组织结构的稳定性。

确定了伦理原则，下一步就是要以某种形式把这种伦理固定下来，这就是"礼"。所谓"礼者，贵贱有等，长幼有差，贫富轻重皆有称者也。……德必称位，位必称禄，禄必称用。由士以上，则必以礼乐节之；众庶百姓，则必以法数制之"（《荀子·富国》）②；孔子曰："不知命，无以为君子也。不知礼，无以立也。不知言，无以知人也。"（《论语·尧曰》）③

这就是儒家"忠孝礼义"的伦理结构顺序。

人类文明之初的轴心时代，东方产生了和古希腊文明、古印度文明齐肩的华夏文明，并在其后的历史发展中选择了以儒学作为结构社会机制的最高组织原则，建构了自己的精神依托基础和价值系统。所以我们有理由这样认为：对这样的伦理原则，是上古时代整个民族共同约定和认可的。但是，在实际的社会生活中，人们对它的理解和诠释——统治阶层和被统治阶级双方各自伦理的适用范围和标准、权利限度及其对应责任、义务等，却是经常变动不居的。和平时期是这样，矛盾激化时期尤甚。因此，儒家伦理"为我所用"的世俗化、工具性现象贯穿了整个中国历史，与战乱、兵燹相始终。因为即便是和平时期，在位者和在野者等道德载体对于这样的道德

---

① 李泽厚. 论语今读 [M]. 合肥：安徽文艺出版社，1998：30.
② 王先谦. 荀子集解 [M]. 北京：中华书局，2010：178.
③ 李泽厚. 论语今读 [M]. 合肥：安徽文艺出版社，1998：453.

理念的信奉也并非始终不渝。一旦基本条件许可，打破规则则是常事；对于双方来说，它并非束缚自己的牢笼。这一点双方其实也都是心知肚明的。汉帝们很懂得这一点，曹操、刘关张们也很明白，张角等一干人也清楚，徽宗、高俅和宋江晁盖们也同样了然于胸。人们要考虑的仅仅是打破规则的时机和条件，以及程度、依据等，还有就是预计付出与收获的比率考量。所以人们既无法阻拦秦始皇、唐太宗、隋炀帝等等所谓之"暴君""明君""昏君"明里暗里的大兴土木、劳民伤财的"不当"行为，也无法称赞宋太祖、宋徽宗的"仁慈"。同样，人们也只能象征性地指责一下刘邦和朱元璋的"走狗烹"的"残忍"——因为谁也无法确定所谓的"走狗"不会成为"太祖"。对于"冯道现象"更是首鼠两端。对于对立的双方来说，首先要计算的是收益的成本及其风险之间、风险与成功的可能性之间的比率而已。这样，正义（广义的概念）与非正义、合法与非法几乎难有恒定的标准。说到底，这样的伦理规则在不同的历史时期其实往往效度不同或者说在一定的历史条件下它的作用是很有限的，这就是一种完全世俗化社会伦理准则的独有特点——外在性、不稳定性和非恒定性，是与柏拉图构建的《理想国》之中的道德理想完全不同的另外一种模式。

　　额外提一句：即使是在民间、儒家亚文化系统的日常生活中，其社会成员、民族构成的各个群落也沿袭了这样的释义模糊的双轨型伦理规则特征，并渗透在社会生活、社会文化的方方面面。解释权、正义性和伦理规则、价值准则在理论上看起来是一个民族群体共同认可的、有效的，而实际上却是很不固定、也不一定可靠的。"三里不同规，十里不同俗"的民间谚语可以视为较准确又十分恰切的注解:"规、俗"是可变的。

四、结语

中国古代并不乐观的生存环境和周期性起伏不安定的社会生产生活,造就了东方民族的内在性格极具隐忍特性,即使处于生存危机状态——不管是精神性的,还是物质性的。比如于后者情形:在既定社会结构中,就几率来说,为求得生存权而"犯上"的风险要大得多,而收益则是不确定的,所以除非生存的几率太低——历史上农民揭竿而起的根本原因大都是因为生存受到了根本性威胁,这就是"忠义堂"生成的主因。人们应该注意的一个心理学事实是:人是社会性动物,更是精神性动物,人的心理压力与反弹的力度是成正比的,甚至有时反弹的力度还要远大于压力。与之有所不同的是,"桃园结义"更侧重于要恢复或重建原有的伦理和社会秩序,而初始时打破原有规则的主导因素恰恰就是人们生存的几率已近极限。所以,除非是极其特殊的历史状况,对于既定规则人们还是很自愿信奉的。因为相比较而言它还是人们生存的基本有效、相对可靠的保障。以"忠孝礼义"为核心的近似于信仰却又很脆弱的伦理"规制",近似于所有制的金字塔式等级之"礼制",维系着这个古老的民族内部联结,隐忍型民族性格使得打破规则的情形并不是常态。如果从文化心理学上解析,除了文化基因以外,也是出于类似于弗洛姆的"对个体自由的恐惧"这个因素,甚至还有一点的"斯德哥尔摩综合症"的意味。说是类似,是因为基础不同——生存基础不同,文化结构类型不同,民族心理性质也完全不同。"求同不存异"

<<< 第八章 《三国演义》《水浒传》与儒家伦理的双轨型阐释结构

的"同而不和"的世俗性伦理法则之则,最原初的起因就是"对孤独的恐惧"——对生存艰难的恐惧和个体生存可能性的信心的缺失,所以集体固定在自然人的生存状态——生存是第一位的,自然欲望是本质性的、本然性的,基本不受理性制约。"权威崇拜"和"祖先崇拜"也是基于同样的原因。

所以有人说,古代特定的生存环境和生活方式造就人们性格中含有一种类似于植物性人格的静态心理。如果说这样的说法有一定道理的话,那么保障这样的静态,却往往需要一个动态过程来完成:社会潜意识中的公众化的对社会组织结构、道德规范可能失序的忧虑、恐惧造成的心理抗拒,以及维护固有秩序以保障生存的个体化的道德自我修炼过程。附随以群体性、集体性心理的人们在自我修炼的动态形式中,还是一个同时强迫他人一同修炼的群体性过程。其后,动态过程保证了静态形式,"礼""义"规则的功能就是把这个状态固定下来。因此,我们可以由此顺理成章地得出这样结论:古代东方文化属于一种具有生物本能性生存的、群体归属心理需求极强的共存性文化模式,其典型模态表现为个人权利必须附着在群体意志中,表现为一种群体性共存、"求同去异"的社会结构模式。它直接导致了一系列典型的文化现象:古代东方权威至上的权力无限集中形式、在集体主义和个人主义之间变动不居的世俗性社会伦理准则、对于生存的可能性不自信的浓重的祖先崇拜心理和实用的宗教观念、易于嬗变的价值观念等。

可以于此延推的伦理规则或者其他类似规则的变通性、可变性,也是一个很值得研究和讨论的有趣的论题。一方面,人们相信"道之大原出于天，天不变，道亦不变"（《汉书·董仲舒传》）①，就是说人们只依赖生存信仰，只需要现存的"实用性"生存工具，而不需要"创造性"的思维和相关的知识要素——这一点，或可回答李泽厚"可见中国人并非没有逻辑思维或严格推理的能力，却不依靠和发展它"②的相关疑问：因为它属于"奇技淫巧"一类，与古代文化基因不适配。正如有人说"中国先哲讲的'思'，其含义主要是指纳百川，即融会贯通地理解知识，而不包含另辟蹊径之义"。③此说也正符合马克思"没有需要就没有生产。而消费则把需要再生产出来"（《〈政治经济学批判〉导言》）④这个基本原理。这一点也可从近代的"洋务运动"的境遇等类似历史现象看出端倪、得到印证。既然没有其他更扩大化、更高程度的人生需求，创新性、批判性、求异性的思维自然也就不会产生。

另一方面，古人却又主张"穷则变，变则通，通则久，是以自天佑之，吉无不利"（《周易·系辞下》）⑤。就是说，如果真是到了山穷水尽的地步，还是可以改变的，所有的一切都可以改变，伦理规则自然也不例外。

这样的对于客观世界的两可性、双轨型解释的奇怪现象，有人归结于"辩证思维"的内在的民族心理模式。至少我们可以认为，它绝非唯心与唯物的二元论那么简单。但是不管怎样，可见的是古老东方的文化熵值就是这样在无数次的社会动荡、王朝更迭中逐次

---

① 班固．汉书［M］．北京：中华书局，1999：1915.
② 李泽厚．论语今读［M］．合肥：安徽文艺出版社，1998：106.
③ 汪凤炎，郑红．中国文化心理学［M］．广州：暨南大学出版社，2004：150.
④ 马克思恩格斯选集：第二卷［M］．北京：人民出版社，1972：94.
⑤ 高亨．周易大传今注［M］．济南：齐鲁书社，1998：421.

<<< 第八章 《三国演义》《水浒传》与儒家伦理的双轨型阐释结构

地耗散、有序化归结的历史逻辑结局。

　　人类和其他动物一样,都有自己内在的生存趋向,这正如麦金太尔的"一般宇宙论"的伦理学释义:"人类,像其他物种一样,朝着自己的目的运动;它的目的仅仅是考虑到他与其他物种的区别所决定的。"① 但是其间的差异又何以道里计:人,毕竟是理性、精神性、意识性的生物物种。有关对人类、类本质的所有解释必须应该以此为起点——所以,这里是否也可以补充一下或者修正一下说:物种的区别及其程度就在于道德感和智力程度的有无或者大小,人类与其他物种的区别越大,就表明人类的道德水准和智力水平越高。反之亦然。

---

① [美]阿拉斯代尔·麦金太尔. 伦理学简史[M]. 龚群,译. 北京:商务印书馆,2004:99.

第九章 终极伦理准则的缺失造就的道德实践的事实差异及其历史文化根源

就本质而言,东方古代文化的内在属性其实是一种为生存而寻求群体归属的心理需求的生命哲学的真切反映,这在各种文化载体中均有显现。中国明清时期的《三国演义》《水浒传》等名著所折射出的精神实质就是与此有关的两大方面:一是忠义孝悌观念意识;二是对基本生存条件的强烈追求。这样的文化现象既根源于物质财富的极度匮乏,也和社会公平的根本性缺失有关。因此,最低限度的生存保障和最基本的精神安全,成为中国古代社会的黎民百姓所孜孜以求的首要目标,同时这也是解读中国古代文化密码的重要枢纽和关键。

一、《水浒传》的文化精神特质:"聚义厅"与"忠义堂"之间的距离

文学艺术作品其实就是一种生存文化观的承载符号。在我国古

典名著中，比如《水浒传》里面的"好汉聚义"与"招安纳降"两大主题，所反映的就正是传承了几千年的伦理秩序观念："君君臣臣父父子子""三纲五常"，其文化实质就是要求人们在群体性生存中求取个体性生存，个体绝对服从于群体利益和意志；个体只有在集体中间才能得到灵魂的"安全"感。这也就是人本主义心理学家马斯洛所指出的："对于大多数人来说……他获得了安全需求的满足，从而没有了焦躁和害怕；他得到了归属需求的满足，将不会觉得被疏离、被排斥、被孤立或被群体抛弃……"① 因为对于一般人来说，缺少了这样的安全保障，结果有时往往是致命的。

就《水浒传》而言，我们可以注意到不管是"聚义厅"还是"忠义堂"，中间都有个"义"字。按儒家经典来解释这个字，就是"仁义""正义"的意思，它包含了儒家所有的道德行为规范，比如"仁""礼""信""孝""悌"等，正如孔子所言："君子喻于义，小人喻于利"，"不义而富且贵，于我如浮云"等精神性含义。毫无疑问，晁盖和宋江都是"仁义"的忠实拥护者和"正义"的拥有者，只是他们在具体理解与操作行为上，二者发生了些微的差异。其实这也正是作者和当时的人们对"仁义"的这个核心观念的反映，并且提出了一个人们最关心的又极难回答的问题：谁应该为奸佞当道以及社会动荡的现象要负主要的责任。

细究起来，晁盖的"聚义厅"并非不讲"忠"，第四十七回他便说过梁山的宗旨就是"以忠义为主，全施恩德与民"。只是他所说的这个"忠义"内涵很模糊，语义不很明朗，最起码没有提及对皇

----

① [美]亚伯拉罕·马斯洛. 马斯洛人本哲学[M]. 成明，译. 北京：九州出版社，2003：419.

帝的态度;他的"义"大体就是说于乱世中求生存,也就是"大碗喝酒,大块吃肉,论称分金银,论身穿衣裳"之类的生理需求,换句话也可说晁盖是"只反贪官,不反皇帝"的。一个值得注意的现象是:小说里自他"举义"直至中毒而亡,始终没有正面应对官军,或者表述对官府的态度,不似宋公明自始至终"忠孝""朝廷"不离口。小说中宋江第一次直接对朝廷官员表述忠心是第五十八回:"亲自扶呼延灼上帐坐定,宋江拜见……'小可宋江怎敢背负朝廷?盖为官吏污滥……'"此类"义行"可以解读为宋公明内心深处的"忠义"观念。所以可以推测,晁盖的"聚义厅"追求的,也仍然是"忠义"内基本的生存理想,也就是"大碗喝酒,大块吃肉"之类的基本生命保障。如果有激烈的反官府举止,甚或时而反皇帝的举动言行,都是其他好汉们代言的。诸如李逵的"杀去东京,夺了鸟位"。但是却只反"这一个"皇帝,并非真的"反皇帝",因此"打下东京"的目的是"公明哥哥当皇帝"。这还是同一个意思——由于中国古代生产力极其低下以及社会公平的过度匮乏,使得人们经常处于难以维持基本生存要求,处在一种艰难的生存环境中,[①]所以人们就拼命地维持着人们赖以生存的生存秩序,仅仅是为了生存本身。

说来宋公明的"忠义堂"距离"聚义厅"其实也并不遥远,只是更接近于"圣人情结"。他虽然口口声声自谦"鄙猥小吏,无学无能",但是他却是一直怀抱济世报君之心的:"……但愿共存忠义于心,同著功勋于国,替天行道,保境安民。神天鉴察,报应昭

[①] 任辉. 饮食文化中的存在哲学 [J]. 河北理工大学学报(社科版),2007,7(1): 91-95.

<<< 第九章 终极伦理准则的缺失造就的道德实践的事实差异及其历史文化根源

彰。"(《水浒传》第六十回)应该说,这是当时的作者以及几千年恪守君臣之道的士卿大夫们的共同理想以及万世黎庶的殷殷期盼。就这一点来说,却是晁盖们所无法达到的高度,也是"聚义厅"与"忠义堂"之间的实际距离。

"聚义厅"与"忠义堂"对于梁山群雄也具有不同的意义。"聚义厅"意味着一个小群体的生存保障,即"小集体",它既能保证个体的生存安全,也能为之提供作为灵魂栖息地的"精神安全"之所。所以有人把宋江称为"精神教父",李逵对之怀有"父亲情结"。所以,在这个集体内部必须保证严肃以致严厉的等级秩序,比泛泛的"忠孝节义"要严格得多,这是严酷的宗法制的深切反映,是自"桃园三结义"以降的又一古代伦理典范。由这个现象也可以推导出为什么梁山好汉上山前性格各异,鲜活灵动,但是上山后却尽失风采,几乎成了一种模式。并且,梁山内部将士间的公平程度很低:

便叫掌库的小头目,每一样取一半收贮在库,听候支用;这一半分做两份,厅上十一位头领均分一分,山上山下众人均分一分。(《水浒传》第二十回)

这样的分赃甚至都不如近现代的强梁更公平合理[1]。但是为什么梁山泊的"聚义厅"的凝聚力却如此之强,众多好汉趋之若鹜?这就是精神力量,迫于生存压力时潜意识里自我强迫得到的力量幻觉。对那时走投无路的人们来说,从现实生存的可能性上讲,最起码这个小集体能给予人们生存几率的最大值。恶劣的生存环境,会

---

[1] 吴思.血酬定律·第二节 命价考略[M].北京:中国工人出版社,2003:19.

把人的求生欲望提高到最高点，从而把个体能量积聚到最大程度。但是，同时也会把人的道德感降低到最低限度，即可能没有"人道"性可言。"人性"的概念中理性意识无限趋向于无。所以把这些好汉说成是"杀人不见血的强盗""草寇"并不太过分。这些人性起时"摸不着便要杀人放火"。李逵就特别嗜好杀人，死在他板斧下的冤魂哪里有官兵、几个是恶人呢？再说宋公明为了赚秦明上山落草，平白无故地放火烧了青州城外几百户老百姓的房屋，还杀了上千个老百姓，笔者认为这即使是官兵也做不出来的野蛮行为；为了逼朱仝上山，宋江竟想出杀害小衙内的办法来，正如朱仝所说："也忒毒了些。"但是作品对此并无丁点指责或不满，甚至有时是带着欣赏的笔调来描述的。这就是作者们的生命观。人们需要的仅仅是最低限度的生存，而恰恰梁山泊就足以提供这样的保障。不仅经常劫掠四方以及无辜的过往客商，而且大头目们几乎个个都会"仗义疏财"，能为人们提供一定的生存条件，这就是凝聚力的源泉。单以最具代表性的宋江来说，他第一次出场，开篇亮相就是"于家大孝，为人仗义疏财，人皆称他做孝义黑三郎"，"他刀笔精通，吏道纯熟；更兼爱习枪棒，学得武艺多般。平生只好结识江湖上好汉；但有人来投奔他的，若高若低，无有不纳，便留在庄士馆谷，终日追陪，并无厌倦；若要起身，尽力资助。端的是挥金似土！人问他求钱物，亦不推托；且好做方便，每每排难解纷，只是周全人性命。时常散施棺材药饵，济人贫苦"（《水浒传》第十八回），这一人物性格特征首尾相贯。其他主要人物几乎莫不如此"慷慨仁义"。

实际上这在古代并不容易做到的，其中一个重要原因就是财富的来源和数量问题。其实这样的理想或者梦幻般的描写在《水浒传》

<<< 第九章　终极伦理准则的缺失造就的道德实践的事实差异及其历史文化根源

里有多种反映。比如好汉们相聚动辄下馆子，下了馆子动辄"切二斤熟牛肉"。而事实上，不仅是宋明两朝，贯穿中国古代几千年的历史中，牛马羊等畜类肉食都是很奢侈，甚至是很受限制的。

相反，据我们所能了解到的中国古代士大夫们能做一个清官就是极难得的了，而所谓的仗义疏财，历史记载中的现象并不多，虽然行为者自然会得到人们的敬仰和爱戴。

所以"义"和"财"大概是在《水浒传》中出现机率最高的两个词。前者是维持这样的群体聚合力的严酷的规则，而后者则就是遮掩、荫庇在这样的规则下，人们的生命目的和生存指向。况且在小说中，"仗义疏财"行为其实绝大多数仅仅只对内而绝少对外——普通老百姓获利极少或者根本就没有。而就这样的行为本身来说，付出及其程度，是一个人在其群体中的地位、身份相对应、相匹配的。这个现象具有普适性。正如马斯洛所举的一个有趣的例子："……在印第安黑脚族里，赠与就是一种综效制度……他们对有钱人的定义是：非常慷慨地将自己的财物或想法与别人分享……在他们的部落里最受尊敬的人，通常是付出最多的人。"[①]

二、"聚义厅"与"忠义堂"之间的悖论：道德扩张度

水泊梁山的"忠义堂"好像可以给人们所能提供的生存保证从理论上更为可靠，更为美好，因为它是一个以"天道"的意志为最终依据的"大集体"，这也是宋江们几千年来一直为之奋斗不息的最

---

① [美]亚伯拉罕·马斯洛. 马斯洛人本哲学[M]. 成明，译. 北京：九州出版社，2003：398.

终目标。宋公明的理想，其实就是中国古代儒生士大夫们的千载心愿：胸怀朝廷，仁孝忠义，修齐治平。但是一些下层较为清醒的民众，或者因为对于这个集体的掌权者的"逆天"行为而彻底绝望，如林冲、武松；或者本就不喜欢那样的生存模式，天生的"反骨"，如李逵、鲁智深，对这样的理想毫不感兴趣，所以它的凝聚力反而不如"聚义厅"。果不其然，结局中的众英雄好汉们丧亡离散好不凄凉惨怆，令人无限低回。

这也是一千多年前这些名著的作者们所面临的尴尬的两难和悖论："聚义厅"显然不是久居之地，但是"忠义堂"里的美好许诺更不可靠。连虔诚的宋公明哥哥自身都不保。只是人们所能找到的原因仅仅是权奸当道，这也是人们几千年来得到的一致结论。而皇上是永远圣明的，虽然谁都知道徽宗是个地地道道、彻头彻尾的糊涂天子，似是李后主"二世"。这个"为尊者讳"的观念也是贯彻全书的，正如第一百回中所言："至今徽宗天子，至圣至明，不期致被奸臣当道，谗佞专权，屈害忠良，深可悯念。当此之时，却是蔡京、童贯、高俅、杨戬四个贼臣，变乱天下，坏国、坏家、坏民。"按现代语言讲，就是"体制是好的，但运作体制的人坏了"。但是最终的根结在哪里，作者们除了茫然和哀怨，留给后世的就只是祭奠宋公明的袅袅香火在大殿里缭绕，以及宋公明不时地显灵使得梁山水泊和楚州蓼儿洼的百姓们年年得以风调雨顺、五谷丰登这个美丽的梦境。

不仅当时的作家们，即使后世的学者们也是在这样的二律背反中首鼠两端，莫衷一是。即以最著名的金圣叹为例，从他批评《水浒传》的字里行间，处处透露出在农民起义者和皇帝君权之间的摇

<<< 第九章　终极伦理准则的缺失造就的道德实践的事实差异及其历史文化根源

摆态度：既对好汉们充满了同情，又严厉谴责他们的野蛮行径和乱法犯禁；然而反过来，则又"罪归朝廷，功归盗贼"，因为"盖不写高俅，便写一百八人，则乱自下生出；不写一百八人，先写高俅，则是乱自上作也"。并且最终以个人的实际行动实践了对"朝廷"（却并非是对"王权"）的蔑视。

鲁迅的一段话是很令人回味的："宋江据有山寨，虽打家劫舍，而劫富济贫，金圣叹却道应该在童贯高俅辈的爪牙之前，一个个俯首受缚，他们想不懂。所以《水浒传》纵然成了断尾巴蜻蜓，乡下人却还要看《武松独手擒方腊》这些戏。"（《南腔北调集·谈金圣叹》）"乡下人"喜欢看《水浒传》的原因盖在于"打家劫舍、杀富济贫"这八个字。中间可以与众草莽英雄进行人格比附、角色对换，也就是精神移情。值得注意的是，此时的"富"与"贫"是不含道德判断的。

把《水浒传》的主题定性为"官逼民反"由来已久，但是从来就没有"帝逼民反"的说法，因为罪在"胥吏"而不在皇帝，皇帝是无辜的，最起码他治理国家的动机是纯正的；退一万步说，皇帝的权力也是百姓自己奉献的，总不能由拥立者来审判自己。就以徽宗为例，身为端王时，他何尝想过贵为九五之尊呢？是必然中的偶然性把他推上了历史舞台，即使举事有不当之处，那么他又为什么要为此承担什么责任呢？更何况"为尊者讳"也是百姓必须遵守的"义"行之一。所以善良的中国老百姓，谁也不会想到要皇帝来为一个社会治理的结果负什么责任。但是由哪一个官员来为此负责呢？应该是整个官僚系统，这样，最终责任分担的结果是谁也不必为此负责。这也就是东方社会行政机制的权利性质的另类特色。

相较之下，不管人们对《金瓶梅》的评价态度如何，但是如果说《金瓶梅》尚有一定的可读性的话，那就是里面含有大量的神秘莫测的"性"的缘故，把它抽掉了，《金瓶梅》就不再是《金瓶梅》了，因为它会和街头小摊的那些劣质品并无什么本质的不同。而这个"性"里面之所以有那么大的诱惑力，大概就在于这个"性"在《金瓶梅》里明白无误地展示了"权利"这个基本社会因素：一个人在社会群体中所享有的"性"的权利，也折射出这个人所能够拥有的社会权利，以及这个人的社会身份、地位和荣誉。在这一点上，《水浒传》有着异曲同工之妙：众好汉们在非常规社会结构的江湖里是以"仁义"的程度为标准，伴以拳头的大小来分享"生存权利"的。

马斯洛认为："人们总是认识不到文化也是一种适应性工具，它的主要功能之一就是使生理上的危急情况发生的越来越少。"[①] 这句话的合理性首先体现在文化的原发性上，人类的文化最初就是在与自然发生关系时，由脑力、智力和体力诸要素紧密结合而成的。在此之后的所有创造莫不是由其原始动力又是第一动力的人自身的求生存与发展的能量而生发开来的。其次，文化模式与类型的差异也应该与人类群落所处的生存环境与求生欲望强度有关，其后以某种形式将此种文化固定下来，成为后世文化发展的核心与纽结点。这正如性的问题源头：令人们煞费苦心的性问题，却在远古时代残酷的生存环境中早期人类之所以能够在得以存留、发展立下了头功一件：这就是"性选择"。所以弗罗姆认为："至关重要的是，必须从

---

① [美] A. H. 马斯洛. 动机与人格 [M]. 许金声，译. 北京：华夏出版社，1987：43.

<<< 第九章 终极伦理准则的缺失造就的道德实践的事实差异及其历史文化根源

是否符合人的本性的角度,从是否有利于创立人的生活所必需的合适的环境角度,来理解任何特定社会的功能和意义,以及产生于这一社会的满足的功能和意义。"①社会的功能首先在于保障人自身与人的本性的存在,人的根本在于其本在性生存,更在于人性,但是人的本性又是那么样的游移,要做这样的价值判断又何其不易,而"性选择"和"文化选择"一样,都源于生存的需要,所以在此后漫长的再进化和发展变化中,许多的原初文化要素就保留了下来,并进一步稳固和扩大。

正如笔者一再所言:就中国古代文化而言,其文化的渊源自然也与此息息相关。我们所应该能够找到的答案之一就是远古时代及其随后的生存物质条件的恶劣与生存的艰巨性,带来了与饮食文化和性文化紧密相关的两个命题,且与"安全"命题纠缠在一起。这就是随人类的"类本质"的挪移、嬗变而改变其原有内涵和自身本质属性,成为人类脱离动物性的标志的必要条件之一。但是并非所有的文化类型皆是如此,这正像并非所有的古代文化都能产生"突破性"一样。在这一点上,它成了文化类型的一个分界点。这就是马克思主义的"物质—精神"原理的真谛所在,也恰恰是物理学上的"热力学第一定律"和"第二定律"在人类文化学上经验验证的有力实例之一。正如弗罗姆所言:"我们可以称之为愉快的性享受,则根植于充裕和自由之中,它是性和情感方面的创发性的表现。"②在这句话的几个关键词上道出了人类的"本性"问题的全部内涵、

---

① [美]埃里希·弗洛姆. 对自由的恐惧 [M]. 许合平,朱士群,译. 北京:国际文文化出版公司,1988:255.

② [美]埃里希·弗洛姆. 对自由的恐惧 [M]. 许合平,朱士群,译. 北京:国际文文化出版公司,1988:244.

原因、结果和全部的关系规定。由这个途径，我们甚至也可以找到"在此"的人的"类本质"，及其解读与之相关的文化现象的钥匙。所以，严耀中先生曾不无沉痛地指出："人情中最大的欲就是生存欲。因此，西汉初的思想家、政治家几乎一致地认为让人民能够活下去是国家群体建立的根本。"① 这就已经不存在发展的问题了，因为连伦理问题都已经靠后站。这样的生存问题，成为我们理解东方文化，从政治文化到器物文化再到艺术文化及其生命价值观念的前提和先决条件。

而在生存问题初步解决了之后，为了强化这种生存机制，"文化"和相对应的伦理内核就进一步固化了这种生存机制。这就是儒家伦理在东方社会的历史选择。但是，儒家伦理并没有完全解决这个矛盾：有限的资源的分配问题，以及与之相适应的社会成员的社会地位和身份问题，所以就产生了儒家伦理规则的有效性问题。这就是儒学自身的学说在道德实践中所产生的悖论问题。

这个悖论就是：虽然造就了完整的伦理体系和道德准则，但是在各种社会情形中的有效性不足。这样的情形在道德之师的帝王和士卿大夫们那里是这样的，而在黎庶百姓那里同样也是如此。从《水浒传》的叙事角度，只能让人们按照金圣叹的思维角度来理解这是当时的作者叙事解释，即"乱自上作"。这种情形也就是孟子—董仲舒—程朱理学这一脉学说所着力之处。但是历史逻辑并没有按照他们的设想来进行，所以传统儒家伦理规则在这一端的有效性就捉襟见肘了。因而，道德承载者的另一端道德主体就是水泊梁山的那一帮众好汉了。而这一端的道德实践的结局，也全部蕴含在作者暗

---

① 严耀中. 中国宗教与生存哲学 [M]. 上海：学林出版社，1996：90.

喻的作品结尾了。

三、"道德审美"——从《边城》和沈从文的自然哲学观看中国近现代道德形态

艺术作品中的意识形态在一定的条件下自身可以成为审美客体、审美对象，这个条件就是这个"意识形态"要具有马克思主义历史唯物的真实性和前瞻性，符合历史规律和发展方向。在艺术作品中的意识形态表现为"思想性"，它可以隐含也可以外露，这就是叙事表现方法的外在形式美的根据和要素，而隐喻式的叙事方法更具有审美魅力。在文学艺术中，这内外二者都具有独立的审美价值。在各种上层建筑的意识形态模态中，与艺术关系最为接近的、表现也最多的就是政治和道德伦理，而其间道德最具思想性和审美性。沈从文的《边城》就是这方面的典范之作：他的"湘西世界"在平实淡然的叙事中展现出了这个世界一隅本然状态下的真实历史风貌，其释放出来的具有普遍意义的独特的"人性美"，所赋予人们的是对于历史和现代双重变奏之中，应该深切思考的美学命题和伦理学命题。

丰衣足食、秩序良好的社会形态是人们自古以来的理想。在这中间，道德秩序的良性运转是必要条件。但是在人类文明史上，实际状况是很难令人满意的，更多的则是"血战前行的历史"。但是，美好的生活理想状态是人们孜孜以求的梦幻家园，特别是在不美好的情况下更是如此。

而"邦无道"的时候就是原有的道德秩序被颠覆和打乱的情形。

在中国近现代历史上,这样的情景人们并不陌生:国家破败,人民离丧。而面对这样的生活场景,士人阶层的人们是怎么做的呢?按照儒家孔子的说法,就是"邦有道,危言危行;邦无道,危行言孙"或者"邦有道则仕,邦无道则隐"等等主张。那么我们就可以从具有代表性的艺术作品里观照当时人们的伦理观念,与传统儒家伦理之间是一种什么样的关系。也就是说,在这样特殊的历史时期,儒家学说的境遇是什么样的。

(一)文学的叙事结构、意识形态与审美间关系的辩证

文学作品也是由内容和形式两方面要素构成。只是文学的外在形式除了为内容服务,其形式和内容是密不可分,甚至是合二为一的。文学形式主要体现在两个方面的叙事结构上:文学语言和叙事方法。

文学表述的语言可以分解为三种类型。

第一种科学语言,或者叫作写实性语言,比如涉及的类似于自然或者人文科学等硬性知识,以及常规性日常生活的内容等。这个在文中如果是非必要性虚构和自由发挥的,或者是需要科学证实的,带有结论性质的内容,就必须以写实的方式做陈述式描绘。

第二种语言形式是信仰语言,或者叫宗教语言。凡是内容中要交代的事情涉及的是作者或者其中的人物的价值观念,表达的是无须证实的信念性问题,做此类的描述所使用的语言就是"信仰语言"。

第三种是应用最多、也是最有内涵的"艺术语言",即可以多种多重发挥的语言形式。它的作用就是"虚构",而其内涵最为丰富,

蕴含性特强，基本都有多重"含混"或"复义"的语言含义。"形式主义"和"英美新批评"，以及"结构主义"等等派别和方法论者所研究的主要内容就是这样的语言及其运用手段。

作为文学的内容来说，当代中国文论界对于文学的定义一直存在争议。其中的一个定义方法是以童庆炳先生为代表的"审美意识形态"学说。譬如，在2009年最新版的《文学理论》一书中，作者就是这样表述的："按照历史唯物主义的观点，文学和其他艺术一样，都属于社会意识形态……文学作为一种社会意识形态，是作家依据一定的立场、观点和方法对社会生活进行的艺术创造，具有认识性、倾向性和实践性。"[①]

艺术是否一定含有意识形态？"意识形态"自身是否可以用来审美、成为审美对象？这首先要搞清楚"意识形态"的内涵。我们知道，"意识形态"是一个动态概念，不同时期有不同的内涵。但是一般而言它是一种世界观，主要是指人们对于客观世界的认识和理解，从而在大脑形成的思想观念，从属于上层建筑；狭义的概念指的是在一个国家、社会所秉持的主流思想潮流和观念。在文学艺术当中，我们也可以把它归结为"思想性"，是意识形态的另外一种指称符号。但是，"思想"和"意识形态"并不重合，只是人们习惯于这样来理解而已，特别是在国内的文学批评实践之中。比如，人们一般都这样说：文学和其他艺术一样，都是以"形象"作为核心，传达作者的思想情感和对世界、人生和社会生活的认识的。"形象"蕴含了作者所有的审美情感和思想。在这里，一般来说"思想"也就

---

① 《文学理论》编写组．文学理论［M］．北京：高等教育出版社，人民出版社，2009：73．

是"意识形态","情感"就是审美情感。艺术是情感的，有时是思想性的。之所以说是"有时"，是因为是否含有思想性，对它的理解有分歧。

那么"思想"是否可以用来审美？

艺术是否含有"思想性"，要从"思想"这个概念说起。一般来说，"思想"又含有广义和狭义这两个方面的内涵。广义的思想性，就是人们对于客观事物的理解与认识，对于社会、人生的思考与看法，是意识形态的内容之一，同属于上层建筑。人们对外界所有的认识，包括对于世界，自然，社会，人生的看法和态度评价等等，都包含在内。它涉及的范围比较广泛，甚至道德、法律、历史甚或是经济学等学科，都含有、渗透着一定的思想性——人们创造世界、理解人生、认识社会的开拓性思考。从这个角度来说，任何艺术门类都肯定是含有"思想性"的。在文学艺术中，它就更离不开，也就更明晰了。即使是蕴涵性更为丰富和深厚的自然写实作品，比如比较典范的中国古代的田园诗："孤舟蓑笠翁，独钓寒江雪""野旷天低树，江清月近人""况属高风晚，山山黄叶飞""柴门闻犬吠，风雪夜归人""鸡声茅店月，人迹板桥霜"等等，以及马致远的《天净沙·秋思》和关汉卿的《大德歌·冬景》等等，都是纯粹的景物描写，但是其中蕴含了作者的深深的主观感受和深切的人生观念，绝非是单纯的自然写实，而是"借景抒情"。中国古代的山水画作，也是如此。这就是康德在《判断力批评》里所说的"附庸的美"。它和哲学上的不依赖于外界事物的个体内心感受的"纯粹的美"相映成趣，比如佛语中的"一花一世界，一叶一菩提"，古代哲人的"鸢飞鱼跃，活泼泼地"（程颢）、"窗前草不除，如自家意

<<< 第九章 终极伦理准则的缺失造就的道德实践的事实差异及其历史文化根源

思一般"(周茂叔)等等,都是个人主观的审美感受,但是同样也可以成为审美对象。那么,从这个角度来说,文学(艺术)则一定是具有思想性的,而且古今中外的文学的主题都是意识形态的——都含有"思想性"这个特质。

从狭义的角度来说,所谓的"思想"仅仅是对于社会人生的价值意义的评判,主要的内容是阶级性、政治性、斗争性的。由于历史的原因,取这样的理解有一定的范围和市场。从这个角度来说,则很难说文学(艺术)一定含有思想性。因为古今中外不可能所有的文学作品都有一定程度的政治性或者斗争性色彩。它的局限性就在于适用性范围过于狭窄。如果使用"强制性解释"方法而生搬硬套,则会流于马克思主义所阐述的"庸俗社会学"和"单纯的时代精神的传声筒"之嫌。那就不成其为"艺术",而是图说政治了。

有关于这个问题,曾经在文论史和美学史,引发过激烈的论争:即"普遍"与"特殊"孰先孰后的命题。好像现在已经尘埃落定,"从特殊显示一般"的说法胜出了,从而成为定论。但是我们说,从特殊显示一般,也未必是艺术创造的绝对规律。正如前述,这个"一般"在某种意义上说就是"意识形态",如果它符合唯物辩证法和历史发展方向,充分反映了人的本质力量,那么从它出发去理解和创造,未必不好。我们梳理一下文学史就可以发现,恰恰古今名著,几乎都是符合"一般"规律的,且更有许多的经典作品,制作它的艺术家在落笔之前就已经有这个"一般"的概念在强烈推动着他落笔、创造。不仅是在文学领域,音乐、美术、舞蹈、雕塑和影视艺术等等更是如此,几乎概莫能外。所以从概念出发、为一般而找特殊的概念式作品未必不合适或者不符合艺术创造的规律,问题

175

在于这个"概念""一般"的真假和价值。可以肯定地说，鲁迅的《狂人日记》《阿Q正传》等作品就是从一般的概念出发来塑造人物形象、表达他的思想的。

凡是从"一般"出发而落败的作品，所出的问题在于两个方面：艺术叙事表达的方法不足，语言功力不够，也就是表达的法式不具有美的特质等等；另外一个方面就是"机械反映论"，图解"思想"。恩格斯对于这种现象曾经一针见血地指出："我们不应该为了观念的东西而忘掉现实主义的东西，为了席勒而忘掉莎士比亚。"① 如果仅仅是"单纯的时代精神的传声筒"，狭隘的意识形态就会导致狭隘的和虚幻的思想和观念，对于社会人生的价值判断当然也就会是虚幻的，这种现象既无法正常地表达美，也无法作为审美对象，最终自然也无法引起人们的审美欲望和情感。这也就是美的负面的价值——丑、荒谬。

正确而积极向上的艺术思想可以引发人们的美感，可以激发人们心灵深处美好的情感，所以又叫"思想情感"。这种因果逻辑关系就是文学或者艺术的表达模式，也就是意识形态与审美间的关系：思想完全可以引发人们的情感，甚至是激烈的情感。这个结论是可以涵盖、适用于所有的艺术门类和经典作品。正如克罗齐的结论："美＝情感＝审美＝艺术＝直觉"。不过，作为传统美学家他也遗漏了一点：在审美过程中，"直觉"固然很重要，但是人的智性要素在其间的重要作用。其实更深刻的美，需要人们的理智来介入。黑格尔说"美是理念的感性显现"，也就是说，美是人们大脑中的理念，

---

① 恩格斯. 致斐·拉萨尔 [M] //马克思恩格斯选集第四卷. 北京：人民出版社，1995：559.

外化为审美客体,而回过头来认识和理解这个"理念"不用理性是很难的。所以进一步的审美鉴赏活动必须要有智性因素。否则,"意识形态——思想性"这样的线索是很难把握的。这样的情形不仅理解现代派、后现代作品不容易,即使是古代的类似于"纯粹的美"这样的作品也很难,比如中国古代的意境性诗词和山水画作等等。

意识形态、人文思想都属于上层建筑,艺术可以远离政治,但是不大可能离开思想意识形态。而在所有的意识形态的模态反映中,距离艺术最为接近的就是政治结构、政治观念和伦理道德。其他的要素,诸如法律、制度、宗教、社会组织结构等,相距还是比较远的。而其间与人们的社会生活最相关的,也是艺术反映最多的就是"伦理道德"这一种"意识形态"。这也是康德在《判断力批评》之前所要着力论述的《实践理性批判》的根本宗旨:"位我上者是灿烂的星空,道德律令在我心中。"也就是说,良好的道德关系、道德感觉和其他思想意识形态一样,是可以成为审美客体、审美对象的。这就是"道德审美"。冯友兰所谓的"天地境界"、老庄的"齐物我"和佛教中的"妙觉"、马斯洛人本主义心理学中的"高峰体验"等等,都是康德所谓的不依附于任何外在事物的、纯然是个体感受的澄净的"纯粹的美"。

但是,正如前述,如何完美地表达思想、意识形态,塑造出经典的艺术形象,从而创造出经典的文学、艺术作品,这就需要艺术家对于形式美的把握能力和创造能力了。这需要掌握两个方面的要素:一是语言驾驭能力。"得意忘言,得鱼忘筌",这应该是文学表达的最高境界。二是对叙事过程的掌控能力。这与作家选取素材、选取的叙事方法有关。即如何正确而准确地把控叙述过程和抒情之间的关系问题,也就是"事"与"情"之间的关系问题。

　　就这两点来说,现代作家沈从文就不愧是一位驾驭高手。其最擅长的就是含而不露的"隐喻"笔法,叙事淡然,语言自然,却是情怀深远,意境悠远,能达到"于无声处听惊雷"的审美效果。他深怀悲悯达观、安时顺命的道家意识,又有现代性的忧患意识,并能用安然从容的笔调把淳朴自然的人情与人性充分表露出来。所有的这一切"思想""意识"都是从他塑造的经典人物形象和人物的自然行为之中自然显露出来的。"桃李不言,下自成蹊",他就是善于运用这样一种隐喻手法,作者自己并不出现其间,几乎是白描的用笔,让客观世界自己呈现在读者面前。让读者自己去评判、理解、咀嚼、品味。所以,沈从文的叙事结构特点就是这样,能够从容驾驭语言,精心选取素材,悉心安排细节。他全部的思想情感,全部蕴含在了看似漫不经心的叙事过程中,所选取的事情和叙事方法上。

　　之所以说沈从文深含现代意识,是因为他笔下的人物不仅仅是要展现其个体所在的天然环境,而且能够充分表现其所处环境的历史性文化氛围和文化观念,扩大来说,也是一个相当范围的群落的人们共同的思维模式、道德理念和行为习惯。

　　其一,中国古代绵延两千多年儒家思想是中国传统文化的主流,在中国文化中占有非常独特的地位,这在文人之间尤其注重。沈从文自己对此并不否认。而道家思想作为另外一极和有效的心理补充的维度,深深地影响了我们中华民族的心理积淀、思维方式和精神样态。其中,沈从文先生所深受影响也算是一个范例。

　　其二,沈从文先生是一位中国现代文学史上具有重大影响的作家。他的代表作《边城》更以独特的人生感受和优美的文笔展现出

<<< 第九章　终极伦理准则的缺失造就的道德实践的事实差异及其历史文化根源

来的关于顺应自然，人性和谐的自然哲学观，充分显现和表达了作者与大众不同的一种人文情怀，一种不一样的人生寄托。道家文化的重要思想就是恬淡无为，安时处顺、顺应自然，齐万物而平等。沈从文的道家观念着重体现了对人的自然生命形态的反思。他的代表作《边城》的创作理念就是集中体现了道家文化中独特而深厚的旷达悲悯的自然哲学观。在沈从文这里，道家情怀就是观照儒家伦理的一个角度，也是他自己的灵魂栖息地，而非"出处"的跳板。

在现代作家当中，对于沈从文的作品的研究一直都是焦点之一，而且许久以来形成的共识也比较多。比如大家都认为沈从文的小说主要艺术特征和成就就是平淡自然，叙事文字朴实，感情内敛含蓄而不奔放、直接。正如他自己所说，其思想受儒家中庸思想的影响比较大，而又具有老庄和光同尘、平和冲淡、超脱恬淡的超旷虚灵特色。但是，所有这些论点都是模糊的，并不明晰。所谓的"人情美""人性美""老庄道家观念"等，很多都是流于空泛的模糊概念。而在笔者看来，沈从文和他笔下的世界都是浓重的复合型宇宙：有古老的旧内容，也有新生活的崭新面貌；既有深重的哲思，也有灵动的艺术追求。重重叠叠，眼花缭乱，却又深藏不露，完全是一种具有象征意味的"隐喻"式的叙事风格。考察两个方面就可以得出这样清晰的结论：从沈从文的《边城》选材以及叙事语言、方法和结构着手，可以窥探出他深邃悠远的内心世界和哲学思考，从而在这位典型的现代作家身上归纳出艺术作品中应该具有的"审美"和"意识形态"间的辩证关系。

在沈从文的作品中，无论是悲情的《丈夫》，还是刻画命运不幸的水手和妓女的《柏子》；不管是对《萧萧》中命途多舛的童养媳的描写，还是对《菜园》中革命者校场陈尸的叙述，都没有大肆地铺排渲染，所有的叙事都是那么自然平淡，气氛平整。在《边城》这部作品中，沈从文的平淡而自然的艺术手法都是达到了"淡乎其无味"的新境界。从起笔开始作者就精心构筑了茶峒小山城，构造了一幅田园风俗诗画，细致地临摹了一帧湘西世界的自然画卷，笔锋细腻，悉心刻画但又不着痕迹地委婉铺叙着人们不同却又大致近似的人生命运，以及天地造化的人情世界。作品开篇对祖父和翠翠的生活方式和生活情境的描绘，到这座小城依山傍水、翠竹青山、鸟语花香诗情般的描绘，对伫立的白塔和风格独特的吊脚楼的摹写，以及从自然景观到诗情画意的淳朴民风，沈从文总是娓娓道来，都显得那么从容不迫，好像是在描写一个遗世独立的"桃花源"，好像是模糊了时空的很久远的一个童话故事。沈从文的写作手法是那么自然平淡的慢条斯理，段落参差不一，句式长短交错，用语平淡，基本没有难以琢磨的辞藻。好似不是作者在描绘《边城》，而是这座小城就在那么平淡无奇、从从容容、不温不火地向人们自我叙说着什么：叙述着这里的平凡的世界，浓浓的乡土民风。这座小城那么温馨，温暖得沉醉，一切都在这怡然自得之中。对于祖父和翠翠，祖父和船总顺顺，翠翠和大佬，以及翠翠和二佬等他们的关系和矛盾的处理和解决上，沈从文都是掌控、拿捏得恰中肯綮、恰到好处。《边城》就是这样一部作品，是叙事抒情小说，抒情性贯穿着含思婉转的故事情节，各色人物也非多么复杂的关系冲突。作者用自己独特的笔调并不着意于冲突的渲染，而是使人物关系之间的矛盾在缓和淡化的氛围中自然展开。

沈从文的这种平淡无奇、自然洒脱的叙事笔调，完全神话了道家文化中的"以柔克刚,刚柔并济"的"无为"精髓。而这都是外在的形式美。沈从文自己的内心思想世界——他的"意识形态"就在这样的形式之中如水银泻地一般缓缓地铺展在了人们的面前。

四、沈从文深切的人文情怀和"自然""无为"观

沈从文笔下的安享静谧的湘西世界是美好的,人们是善良的,生活是平静的。但是,如果我们以为这就是沈从文所要奉献给人们的全部,那就是一种误读了。"事情"远不止这么简单。

沈从文笔下的翠翠是一个可爱迷人的小女孩形象,是整篇小说之眼,她是大自然的女儿,在自然中悄悄安然地成长着。湘西世界中的清水、绿山、阳光,让她得到了晶莹剔透如水晶般的性格,爽朗清澈。翠翠生性天真清醇,从来就不会生气,只是喜欢看花轿,看"新嫁娘"。在傍晚的时候在小船的旁边学牛叫,无忧无虑地嬉戏于水边,或者和"大黄"一起躺在大岩石上数着天上的云朵。天性就像是一朵白莲花,或者是"映日荷花",纯然恬淡。小翠翠在慢慢地长大,身体当然发生了变化,脑袋也变得复杂了起来,脸上含有了略带着些娇羞的神色。就这样,所有的人物和事物都在有条不紊、不慌不忙地发展着。但是,少女毕竟是在慢慢地成长,这带给了她灵动乖巧之外的沉思和羞涩而少了欢笑。这个纯真少女心里会莫名的涌出一种说不清的思绪,她在迷茫中不得不自己去品味以前经历过的种种不明白其中道理的事情。但是,却又不知道这种感觉应该让自己快乐还是忧伤,也不知道自己应该以怎样的态度去对待这种感觉,所以她还是以自己既有的态度去面对所有这一切,开开心心

地和外祖父还有"大黄"一起平静地生活着。这个少女是湘西世界中古老生活中的一个缩影,有着自己对生活的向往和憧憬,但是没有去主动追求、探寻,当然她也不知道自己要追求什么,只是按照既有的法则安分守己地生活着。并且就是这样一代代、一辈辈地在延续着。

当长大成人的翠翠知道前来提亲说媒的不是二佬而是大佬派来的媒婆时,内心有说不出的滋味,痛苦和矛盾交织在一起。这就是翠翠的自然天性——茫然而被动。我们无法假设如果她能主动一些,能有某种程度的自主自我意识结果会怎么样,一切都是顺其自然。这就是一种文化必然——也就是沈从文的苦心所在。如果是假设的那样,大佬就不会离世,和二佬的感情也不会显得那么尴尬,不会陷入爱情的僵局,爱情悲剧也许就不会发生。一切都是那个"也许"。其实反过来再来看翠翠的母亲,也是同样的人生境遇。她和一个当地的屯兵恋爱,虽然她是主动的,对爱情是忠诚的,但是由于老父亲尚健在,她也不愿离开生活已久的土地和屯兵远走高飞,然而却更不愿和恋人天各一方。屯兵也是陷入了两难的抉择,既要爱情,又要严守军人的职责和尊严,二人最终的选择就是生虽不能同穴,却要以死相拥。先是屯兵服毒而死,母亲在生下翠翠后也扔下翠翠和祖父也随着屯兵去了。

这就是沈从文笔下的主题事件永恒的主题:两代人凄美的爱情故事。而其他所有的故事都是为此服务的,这就是沈从文的叙事策略。我们只能随着作者的笔触去理解、去认识他神秘的湘西世界。我们既不能、也无法任意介入那个天地里的生活,就像沈从文本人一样,只能静观。我们不可以对着人们说你们应该怎么样去理解生

<<< 第九章　终极伦理准则的缺失造就的道德实践的事实差异及其历史文化根源

活、认识世界。我们只能以自己的眼光，自己的判断来解析沈从文的思想和理念，而一切标准应该就是《共产党宣言》里的历史辩证的"自由观"："每个人的自由发展是一切人的自由发展的条件"，①"以每一个个人的全面而自由的发展为基本原则的社会形式"。②

若非如此，任由万物消极漫长，那就没有人类文明史了。所以，天然生长并非是符合人的自由发展终极目标的，也不符合人类文明史发展方向的，甚至都不符合两千多年前荀子"制天命而用之"的朴素唯物主义思想。而所有的人的"自由"之中，建立它的基础和它的主要体现，就是人们的"社会道德观"。也就是艺术之中的"道德审美"。

《边城》中这两个不完满的爱情故事本身是自然的，是现实的真实写照和时代的典型和人物、环境的典型。但是我们却无法得出结论来说这是"湘西世界的顺应自然的本然的生命形式"，于是它就应该遵循自然和如此的天道。如果这就是沈从文的初衷，那么《边城》也就不会是现代小说的经典之作了。

其实，看似不经意的自然平白的描写，却蕴含沈从文深刻的沉思和悲天悯人的情怀。他把所有的感情和认识，都包含在了所叙述的事件之中，是让情感和人生觉察的自然流出。我们无法确定，翠翠的白璧无瑕的爱是"人性至真"。那就没有马克思所谓的"人的本质力量"之美了。所以这也正是沈从文写作的高明之处，高明就高明在看似古今、内外"无差别"，却无时无刻不在提示着人们：还

---

① 马克思恩格斯选集第一卷［M］. 北京：人民出版社，1995：294.
② 马克思. 资本论［M］//马克思恩格斯全集：第四十四卷. 北京：人民出版社，2002：683.

是很有"差别"的。生活在城市现代社会里的沈从文,经过了种种颠沛流离的生活,接受了几十年现代社会熏陶和浸染的沈从文,会认同、赞叹这种古今、内外的"无差别"?如果那样,就是"嗜痂之癖"了。恰恰相反,沈从文就是要在这样的"差别"之中,让人们自己去判断,去反思,去联想。而自己则并不介入。这也正是恩格斯所着力提倡的"作者的见解越隐蔽,对艺术作品来说就越好"①。

按照马克思主义唯物史观和人的实践理论基本原理,人固然是社会关系的总和,但是其本质更应该是"自由"的,人本身是自主的,顺应人性本然本质的。这也是符合历史发展规律和方向的,甚至是神圣不可侵犯和剥夺的:"一个种的整体特性、种的类特性就在于生命活动的性质,而自由的有意识的活动恰恰就是人的类特性。"②

与之对照,我们只能得出结论:沈从文是悲悯的,静观的。他的叙述的特色和功力、成就都在于此,也就自于此:没有个人情感的流露,没有思想介入和人为干涉,一切都是那么"自然",让湘西世界的人们更多的自我展示。人性,或者人们的"类本质"是有很多共同之处的,这就是马克思有关于"人"的理论的基本原理:"人的本质不是单个人所固有的抽象物,在其现实性上,它是一切社会关系的总和"的内涵。③

---

① 恩格斯.致玛·哈克奈斯 [M] //马克思恩格斯选集:第四卷.北京:人民出版社,1995:683—684.
② 马克思.1844年经济学哲学手稿 [M] //马克思恩格斯全集:第三卷.北京:人民出版社,2002:273.
③ 马克思.关于费尔巴哈的提纲 [M] //马克思恩格斯选集:第一卷.北京:人民出版社,1995:56.

<<< 第九章 终极伦理准则的缺失造就的道德实践的事实差异及其历史文化根源

但是,我们必须完整地理解这个"总和",它指的并非是特殊的人群或者某个、某几个部族,而是指具有普遍意义的人的基本情感、思维和利益联结的凝聚。如果沈从文的世界里就只有"湘西世界",那么他的成就和影响就不会那么大,所蕴含的意义就会狭窄得多,狭窄得可能让人渐渐忽略。然而沈从文却不是。读他的作品,看似狭窄的狭小空间,却是"一花一世界,一叶一菩提",只要是他认为应该包含在内的,几乎无所不包,基本涵盖了他的思考力能力所及的所有的一切"一般"的内在本质规律。他的眼力是敏锐的,他的视界是开阔的,我们也可以随着他的笔尖而逐渐世界扩大,从而可以触类旁通,直至我们可以俯瞰到沈从文给我们展现的整个近现代社会的人们的生存状况。这是鲁迅、巴金、林语堂和胡适等那个时代的许多人们所要做的和要开启的工作:就是要把这个时期或者所有的,整个历史时期的人们的思想模式、生活状况、历史境遇等一览无余地尽显人们眼底。这是思想家、艺术家和哲学家们所要做的工作。只是有的工作做得很有成就,而有的工作还远远不够。所以,沈从文作为一个具有敏锐时代感和历史、生活很深感受的文学家,眼光绝不会局限在狭小的湘西世界,就像鲁迅的《故乡》《祝福》《狂人日记》《药》和《阿Q正传》等经典作品一样,鲁迅先生的笔触所及,是个真正的大千世界,并不局限在"鲁镇"和"未庄"。他们是民族作家,却具有世界眼光和视野的,深具历史情怀的艺术思想家。

只是这里面含有某种秘密,就是沈从文所要着力展示,让人们品味咀嚼的酸甜苦辣个中滋味,却也并非要让所有人都明白。但是,他也不可能隐藏的那么深,就像他自己所表露的:"我只想造希腊小庙。选山地做基础，用坚硬石头堆砌它。精致，结实，匀称，形体虽小而不纤巧，是我理想的建筑。这神庙供奉的是'人性'。"(《习作选集代序》，国闻周报，1936年第十三卷第一期)这里的表白，明白无误地暗合了马克思主义关于"人性""人本质"的经典论述。

　　《边城》的爱情故事是凄美的，其实是"凄凉"，是美学意义上的真正的"悲剧"，而不是"优美"。《罗密欧和朱丽叶》《双城记》《悲惨世界》《茶花女》《安娜·卡列尼娜》等伟大作品是"悲剧"，却并不"凄凉"。因为爱情的主角不是被动的，而是自我的，自由自主的，这就是差异和根本性区别。而翠翠的母亲的爱情故事看似主动的，却也依然是更"被动"：环境使然。那个世界是不允许二人去主动的。否则，就会付出代价——甚至是高昂的生命代价。

　　沈从文在《边城》中始终遵循自然界应有的准则，无为而治，周而复始。他不仅从身体的感官方面顺应自然，也在精神层面上顺应自然。沈从文对爱情是不经大肆渲染的，在《边城》中也是淡淡地描绘了两段灰色的但又是催人泪下的爱情故事。这就是沈从文笔下的老庄意识："无为"和"无不为"。这两者都是道家精神的映照，两者互为因果，同时也互为目的。"无为"是指自然而然，无欲而求，无法而治，这其中包含着"无不为"的目的；"无不为"又是"无为"所要达到的目的。为了让社会更加遵循自然，合乎自然之道，两者又是互为手段，互相依存，不可分割。

　　沈从文的"无为"，指的是不介入，并不做价值是非判断，而是仅仅在冷然而不漠然地客观"显示"。"无不为"，是他笔下的是非善恶和黑白美丑等等，全部自然流露出来，好像是挂一漏万但其实却是无一遗漏。就像他自己所说，了解偶然和必然在未来生命中的作用，可能在将来会增强自己的忍受能力，就是对道家思想的自我解释。反对追名逐利，主张人们应该去重视自身的价值和生命本就应该具有的意义。在自然面前和心性之中应该人人平等，应该顺应自然之道，而无高低贵贱之分。人与人之间也是应该互相尊重，相互理解，彼此宽容，兼容并包，以善良纯正的心态和谐相处。就这一点来说，如果非要讲沈从文具有道家情怀，那么他的叙事结构线索就是沿着这个思路来展开和发展的。

五、艺术意识形态的审美特质和道德法理

从前述沈从文的写作实践之中，可以从一个角度来说明一点、得出一个结论：文学艺术是审美的，也具有一定的意识形态性的。但"意识形态"本身是不是能够纳入"审美"之中去，基本取决于两点：一是这种意识形态是不是真实的，符合历史发展方向的，能不能最充分地展示有关于"人"的类本质；二是如何表达和叙事。如果仅仅是当作"时代精神的单纯的传声筒"，[1] 机械地去运用和生搬硬套，那么当然就不具有形式美的特征。就像是和氏璧式的内容美，那么就只有片面的美，不符合美的本质。

反过来，我们也可以得出结论：如果蕴含在艺术之中的意识形态的样态不符合马克思主义的历史辩证法，不具有历史进步意义，不含有关于人的"类本质"的"自由""自主"的特性，那么，这样的意识形态不管是如何表达、如何显现，都不具有审美意义和价

---

[1] 马克思. 致斐·拉萨尔 [M] //马克思恩格斯选集：第四卷. 北京：人民出版社，1995：555.

值。甚至只能是美的负价值——丑。而沈从文则从正面向我们完整地传达了有关"意识形态"和"审美"的性质之间的完美而严密的辩证关系。所以，可以肯定的一点是：沈从文自己承认他是深具儒家情怀的人。但是我们说，他虽然是儒家的，但是很难想象他会认可儒家的伦理纲常。这也是他们那个时代在沈从文身上留下的羡慕的印记：对光明的向往，和对所处环境的困惑。就这一点来说，不仅是他自己，即便是鲁迅，也同样是"彷徨"过；冯友兰，也曾经在"新儒家"之中进退维谷、出处失据。所以，要达到真正的"道德审美"确乎是非常之难。因此我们也有理由认为：沈从文先生的"隐喻"笔法并不完全是潇洒超脱的挥发，也和他内心的矛盾和犹疑有关。但是，他终极关怀的目标还是非常明确的，那就是带有普泛意义的人类精神。所以，如果我们从人类文明这个高度和审美境界这样的层面来观照沈从文和他的作品，就完全可以理解沈从文自己对于《边城》的悲剧所下的定义："应当由人类那个习惯负一点责。应当由那个拘束人类行为，不许向高尚纯洁发展，制止人类幻想，不许超越实际世界，一个有势力的名辞负点责。"[①]

我们应该关注沈从文这几句话中所包含的几个信息：

一是他所说的"人类"。也就是说，观照他的"湘西世界"，所要着眼的高度是人类文明，而不是"只缘身在此山中"——局限在某时某地。

二是有一种"势力"在"拘束"，阻挡着文明的发展。

三是他的理想目标和归宿是"高尚纯洁"、有"幻想"且要"超越实际世界"。

---

① 赵园. 沈从文名作欣赏 [M]. 北京：中国和平出版社，2000：394.

<<< 第九章 终极伦理准则的缺失造就的道德实践的事实差异及其历史文化根源

综合起来说，就是在某些地方并非"高尚纯洁"，但是要达到"超越实际世界"这样的境地，必须要克服阻止其理想的某种"势力"。我们可以得出初步的结论是，这样的势力其实就是几千年的宗法势力和纲常伦理，而这就是他所谓的"实际世界"，或者也可以说是"物质世界""世俗世界"。而他所阐述的话语里，我们可以解读出内里所隐含着这样的道理：这个世界的理想是一种道德判断，实现这样的道德理想既是应该的、理所当然的，也是合乎人们的理性的，也是人类文明进步的自然法则，即"道德法理"。

但是，几千年铸就的伦理思想在那一代人身上留下的深刻的印记则是根深蒂固的，而新时代对于他们的思想的冲击力也是巨大的，内心深处的矛盾自然也难以避免。哲学家、思想家们尚且如此，可以想见更何况那平凡又平凡的"湘西世界"了。所以，要从沈从文的笔下找出"道德法理"的"道德审美"的特质来，确乎需要非凡的辨析能力。

我们知道，中国近现代社会是一个"乱邦"或者"危邦"。如何在这样的环境中生存，如何认识这样的一种国家的状况和未来，是每一个智者的使命，也是一种考验。而沈从文则以文学艺术的方式给出了自己的答案——他的世界和他的作品一样，静谧安详，恬静澹远，安适淡泊。以"他者"的目光平静地观览这一切，而不被烦扰和困惑。而这样的一种境界，也是与儒家入世的思想和道德指向所截然不同的。同时我们也可以看到并得出结论：思想，观念甚或是概念等之类的意识形态，是可以作为审美对象和内容来运作和表现的。问题的关键就在于如何叙事，如何表达。

第十章　儒家伦理的世俗性与
　　　　　鲁南丧葬文化

　　自先秦儒家学说的开创者孔子暨孟子和荀子以降的儒学大师所创造的思想理念——忠孝仁义观念等，从西汉起便成为我国古代制度文化以及道德伦理、思想观念的主流与核心，并渗透在诸如社会生活的方方面面和人们意识或者潜意识最深处，也具体体现在我国古代独特的宗法制度、社会伦理观念、艺术和信仰等各文化层面上。然而其根本的意义更在于人最原初的生存性，在于人的基于生存的基本的安全考虑和诉求。所以，中国古代传统文化的精神实质就是东方式特有的典型性忠孝文化。东方古代文化是一种完全出于为生存而寻求群体归属的心理需求的生命哲学，是一种与分存原则截然相反的共存思想模式，它直接导致了其人文精神的匮乏和东方人浓重的乡土观念以及实用性道德观念。它外在的表现就是儒家的"忠孝仁义"观念，这样的观念更集中体现在社会组织、家族制度以及社会生活的各个方面。其中，在饮食文化与丧葬等日常文化之中显现是比较突出的。解析儒家伦理思想的最本质意义在于它是解读我

<<< 第十章 儒家伦理的世俗性与鲁南丧葬文化

国传统文化终极意义的一个突破口或者角度、钥匙。因为这也是其社会伦理道德得以贯穿整个封建历史的根本依据，它的影响甚至覆盖于整个儒家文化圈。但是由于中国古代文化的封闭性（其实这种"封闭性"依然离不开儒家学说），中国古代各地的社会风俗虽然围绕儒家学说之核心而万变不离其宗，但是其表现依然是五花八门。以鲁南文化为例，表现在丧葬文化上就很具有典型性：

一是鲁南丧葬的表现：礼仪的复杂性、组织程序的规模性与严格的等级规制。

二是鲁南丧葬文化的实质：道德的外在性与情感虚在性。

三是其实质的根本所在："自我—物质化"的世俗道德不稳固性的深刻体现。

一、鲁南丧葬文化中的道德哲学

鲁南丧葬文化属于传统儒家大文化背景下的一个亚文化系统，即民间文化，其礼仪程序及其内容典型地反映了世俗道德准则的不确定性、不稳固性和他律性，以及道德情感的实用性、功利性特征。所以，鲁南丧葬文化所显示出来的基本伦理特征是功用性、外在性和随机性。与之相较，宗教道德与理性道德虽则各自有不同特点，但都具备自律性、稳定性这样的共性，以及道德观念的严肃性、理智性和情感的真实性等共同性特征。虽然这两者之间的道德本质也有区别，但是在丧葬形式上，节制与节俭则构成了他们的共性和一致性。其实质在于其道德信念的本真。

据山东省枣庄市的《峄县志·风俗》（卷六）记载：

> 丧礼大小敛，附身衣衾皆取美好，而尤以棺椁为兢兢。平日闻有松柏嘉木可用者，不惜重赏购之。木漆工皆求其技精者为之，虽费不訾，不惜也。殡时延僧道齐诵鼓吹。幢盖以及彩匠为假舆马、幡旗、楼阁必备。以故一丧之费，动系数千金，亦俗敝使然也。然期功之丧，尚织带素衣履，犹有先王之风焉。士人皆无祠庙，间或有之，其岁时致祭，亦多于墓、于寝。所荐诸物皆以其节；而以纸钱为先，则近代之俗也。

这段文字显示了两个方面的信息：一是丧礼过度的奢华靡费；二是表明了叙述者鲜明的倾向性：这是"俗敝"。而这样的"俗敝"并不符合孔子节俭的主张，孔子十分崇尚节俭而坚决反对僭越厚葬，所以由此也可以看出，中国古代民间伦理与儒家正统学说并不一致。

先秦儒家和其他诸子百家一样，对处丧之法的主张是鲜明而毫不含糊的：丧事从简。在《论语》里，孔子曾数次强调薄葬的重要性，包括薄葬颜回。据杨树达先生考证认为，不可厚葬颜回的原因在于那样有"越礼"的嫌疑。

同是反对厚葬的墨子，其理由是数次强调的"国家必贫，人民必寡，刑政必乱"[①]，大力反对铺张浪费，力倡"节俭""节用""节葬"，《墨子·节葬下》中甚至还对儒家过度哀痛的"处丧之法"提出了批评。

但是，有证据表明，在先秦之时就开始了愈演愈烈的厚葬之风。比如墨子就因此在《墨子·节葬下》著文激烈反对"厚葬久丧"：

> 此存乎王公大人有丧者，曰棺椁必重，葬埋必厚，衣衾必

---

① 墨子. 墨子 [M]. 呼和浩特：远方出版社，2004：83.

>>> 第十章 儒家伦理的世俗性与鲁南丧葬文化

多，文绣必繁，丘陇必巨；存乎匹夫贱人死者，殆竭家室；[存]乎诸侯死者，虚车府，然后金玉珠玑比乎身，纶组节约，车马藏乎圹，又必多为屋幕。鼎鼓几梴壶滥，戈剑羽旄齿革，挟而埋之，满意。若送从，曰天子杀殉，众者数百，寡者数十。将军大夫杀殉，众者数十，寡者数人。……今王公大人之为葬埋，则异于此。必大棺中棺，革阓三操，璧玉即具，戈剑鼎鼓壶滥，文绣素练，大鞅万领，舆马女乐皆具，曰必捶涂差通，垄虽凡山陵。此为辍民之事，靡民之财，不可胜计也，其为毋用若此矣。①

此段文字实际讲述了贵族丧礼的豪奢甚至残忍程度。

墨子接着沉痛地论说道：

若法若言，行若道，苟其饥约，又若此矣，是故百姓冬不仞寒，夏不仞暑，作疾病死者，不可胜计也。此其为败男女之交多矣。以此求众，譬犹使人负剑，而求其寿也。众之说无可得焉。②

这一段文字在于揭示"厚葬久丧"之后恶劣的社会后果：墨子以为厚葬所用衣棺装束浪费过巨，将耗竭财富，造成贫穷；久丧久哭必将哀毁伤身，耽误正常的工作与人口的增殖；民贫而寡，健康又受损，则国家社会必衰乱，所以极力加以反对。

墨子因此制定丧葬之法：

子墨子制为葬埋之法曰：棺三寸，足以朽骨；衣三领，足

---

① 墨子. 墨子 [M]. 呼和浩特：远方出版社，2004：82.
② 墨子. 墨子 [M]. 呼和浩特：远方出版社，2004：83.

以朽肉；掘地之深，下无菹漏，气无发泄于上，垄足以期其所，则止矣。①

但是自秦汉之后，中国古代丧葬礼法依然愈演愈烈，社会风气崇尚尽其所有、不遗余力地铺排复杂的"厚葬久丧"之"俗敝"。从人死到安葬要经过许多烦琐的仪式，在整个过程中极尽排场奢华、铺张浪费，且相互攀比，如此尽其所能往往造成家产、物资的巨大浪费。

有一点需要指出的是：王室贵族的豪华奢侈的丧仪规制，在某种程度和意义上，与儒家和其他各家主张都是背道而驰的。从这一点也可以看出，"君统"自始至终都游离于"道统"坚守的伦理学说之外。这一点很值得人们深思。

中国原始社会时期，先民们没有亲人死后埋葬的习惯。后来产生灵魂不死的观念以后方有此习俗。有资料表明，太古时代凶礼中规定古之葬者，厚衣之以薪葬之中野，不封不树，丧期无数，后世易之棺椁。在半坡遗址墓碑中，埋葬的死人多是头朝西，表示灵魂寄托西方的意思。这也是祖先的崇拜观念的肇始。在人类社会发展的早期，人与自然的关系以人对自然的无限敬畏和盲目崇拜集中表现在图腾崇拜和祖先崇拜等自然宗教中。

但是，随着社会习俗的不断演化，丧葬风俗逐渐又加入了许多的元素，包含了许多墨子所指出的文化历史性的各种要素，且迁延至今。比如在鲁南地区的丧葬文化中就蕴含着丰富的古典文化之精髓，诸如祖先崇拜的各种表现，礼仪的规范性、繁复性、规模性，

---

① 墨子. 墨子 [M]. 呼和浩特：远方出版社，2004：85.

情感的表面性、夸张性,等等。

首先,按照一般的说法,图腾崇拜或祖先崇拜是人们由于征服自然的能力有限而产生的对大自然的敬畏心理;深层次的原因,其实就是古代人们对生存能力的不自信,只好借助于外力。从"就近原则"角度来说,最可靠的当然是求助于先人的辅佐或启示。后来,祖先崇拜也成了为治世寻找有效途径的人们为自己的主张所寻找到的最可信赖的依据、证据支持。

其次,礼仪中的奢华浪费,表面上是人们为了显示社会声望、地位和势力,其实在很大程度上更是根源于弗洛姆所说的"囤积性"心理所致。同时,也含有自信心的缺失和自卑心理的作祟。如果说还有第三种原因的话,那就是生存目的和状态的单一趋向。

再则,其道德形态具有两面性——情感性和非情感性。即如墨子所云"处丧之法将奈何哉?曰哭泣不秩声翁,缞绖垂涕,处倚庐,寝苫枕块,又相率强不食而为饥,薄衣而为寒,使面目陷陬,颜色黧黑耳目不聪明,手足不劲强,不可用也。又曰上士之操丧也,必扶而能起,杖而能行,以此共三年"[①]。此段文字叙述了贵族"处丧"之时的外在表现。如果说其中含有真实情感的话,这种情感的根源仍然在于上述的"祖先崇拜"情结;如果说属于非情感性,根源则在于道德准则的外在性和他律性以及功利性之内质。

此说可以在某些经典文学作品中得到某种印证:《金瓶梅》从第六十二回到第六十八回一共七节回目,西门庆却九哭李瓶儿。其间花费固然极端豪奢,但是真实感情自见其中,这是做不得伪的。这也符合人类情感的一般规律。

---

① 墨子.墨子[M].呼和浩特:远方出版社,2004:82.

在《红楼梦》中，贾元春省亲之时，荣府的奢靡豪费致使元春也深表忧虑：以后不可太奢，此皆过分之极。一般认为，贾珍厚葬秦可卿，是典型的"其善者伪也"。

古代汉民族的丧仪中，是含有一定的宗教信仰要素的，只是这种要素与宗教民族的信仰有着本质的不同，它典型地体现为众所周知的信仰的功利性，所以只能说是含有一定近似的因素，而并非是信仰。这样的功利实用性信仰，其实属于精神的本位缺失和信仰的终极性阻隔。这也和"世俗伦理"的外在性与道德情感的浅表性、实用性有关。

无神论世俗性的社会的道德原则就是带有物质性和利益色彩的，因而执行道德命令的标准和条件就是他律性：你做我就做，你不做我也不做；你能做一分，我就可以做十分；你可以做十分，而我只需要做一分即可。各人自扫门前雪，各自利益孤立，彼此对比、观望，这才诞生了"人情如纸张张薄"的"蚂蚱效应"——如果蹦不了我，那么同样也跑不了你。正如老子所言的"天网恢恢，疏而不失"。按照休谟的观点，人类的道德起点是情感，而如果这种情感削弱或者功利化，那么几乎所有的行为都会失去道德依据："如果任何人处于冷酷的麻木不仁或狭隘的自私性而对人类幸福或苦难的意象无动于衷，那么它必定对恶行和德性的意象同等地漠不关心……他所有的情感必定都是颠倒的和与人类中所盛行的情感截然对立的。"[①]

世俗道德所支撑起的必然是一个道德结构不稳定的世俗社会，

---

① [英]休谟. 道德原则研究[M]. 曾晓平，译. 北京：商务印书馆，2001：76—77.

并且它还直接决定了与之相对应的这样的一个社会形态样式在历史上的政治清明和社会稳定的时间和程度。可以这样说，在中国古代以孔子为代表的儒家伦理准则，只是在一部分士大夫，也就是知识分子中具备某种程度的有限作用，根本就无法作为普遍性的社会根本规范通行于世，也就是说，它不具普世性——尽管孔子伦理学说在很大程度上，其正义性也是很值得疑虑的。前述的君统的相当大的独立性就可以说明问题了。所以柏杨才认为，在中国古代孔子之"仁"，只有在教科书里才能找到。故此，中国古代政治结构中才一直有"儒表法里"之说。中国历史的皇权政统原则其本质就是"阳遵法，阴尊君""王霸杂之"，其实以霸道为主。在此强调这一历史事实很重要。而对这一点汉宣帝在训示元帝之时是毫不隐晦的。所以，以儒—法家伦理原则构筑的庞大社会网络，显示了世俗伦理的强大功能，也同时预示并决定了这种社会伦理结构所产生的所有社会历史结局。

所以，如果说世俗社会在日常生活中也讲"节俭"的话，主要就是上述弗罗姆所谓的"囤积心理"的原因所致，它与被动的道德"他律"有关，却与自觉的道德"自律"无关。

与上述处丧之中奢华浪费的"俗敝"相反的品德就是"节俭"，这在基督教的礼仪中占有重要、突出地位。它是道德自律的一个典型显现之一。这种节俭的自律行为依然来源于原始"他者"——上帝的旨意。正如马克斯·韦伯所言："英国、荷兰和美国的清教徒曾是以严厉反对生活享乐为特征的"，[1] 所以"纯正的清教徒甚至反对

---

[1] [英] 马克斯·韦伯. 新教伦理与资本主义精神 [M]. 彭强，黄晓京，译. 西安：陕西师范大学出版所，2002：10.

在墓地举行任何宗教仪式。……即使在安葬至爱亲朋时,也不唱歌和举行任何典礼"。①

因之,刘小枫就有一个明晰的思想倾向:使民俗宗法观念基督教化,骨子里有一点"神性"。因为一个自然人如果没有神性,很可能就如王熙凤一般"从来不信什么是阴司地狱报应的"。如果没有道德内在依据的支撑,其社会行为准则就会是随机性、随意性和实用性的。

从伦理学史上看,基督教也有一个鲜明的生命历程:从启示神学(神谕神学或神启神学)、理性神学(经院神学)到道德神学直至浪漫神学,也历经了一个漫长的过程。这也是东西方文化根柢本质的不同。比如《独立宣言》所宣扬的:我们坚定地信赖神明上帝的保佑,同时以我们的生命、财产和神圣的名誉彼此宣誓来支持这一宣言。这里的"上帝"就和传统意义上的"迷信"毫无关联了,它是人们浪漫情怀的庄严显现。

所以,与之相较,在我们所体验的普通世俗社会中,在其达到天下大同之前,神性还是有其一定的道德合理性的。就好像是还在粮食匮乏的时候,最好舍弃对肉糜的幻觉,因为那实在太遥远了:晋惠帝时天下饿殍遍野,司马衷闻之问大臣,老百姓们何不食肉糜?笔者把类似现象称为"肉糜效应",也就是说,在可以随时可以食用"肉糜"之前,植物性食品还是必不可少的过渡性果腹食品。正如康德所言:"靠宗教学说在精神和道德上加强培养而终于造就出不仅是

---

① [英]马克斯·韦伯. 新教伦理与资本主义精神[M]. 彭强,黄晓京,译. 西安:陕西师范大学出版所,2002:85.

第十章 儒家伦理的世俗性与鲁南丧葬文化

善良的公民,而且还有永远在前进着的并能维持其本身的善行。"[①]因为像义务、职责和节制之类的"神圣法定则的权威","像'爱神甚于爱一切,爱汝邻人应如爱己'这类命令的可能性,与上述这种对法则的敬重仍然是完全相契合的"。[②] 当然,这种宗教神性也并非是外来的,它与一个民族、社会文化息息相关;反之亦然:不同的文化也造就了不同的道德类型和伦理特征。

并且,"道德法则就通过作为纯粹实践理性的对象兼最终目的的至善这个概念,导向宗教,即使人认识到一切职责都是神圣戒律,而不是制裁,亦即不是外在意志而来的一种任意的、偶然的命令,而乃是每个自由意志本身的本质的法则……只有加上宗教之后,我们才能希望有一天依照自己努力修德的程度来分享幸福"。[③]

由此可以看出,康德对于宗教道德寄予了何等的期盼与厚爱。在他看来,宗教道德在人们内心深处所产生的依据是值得肯定的、是牢固的,对于未来指向目标——"至善",也是值得信赖和必要的。并特别强调,宗教信众们的道德感不是外在的,它导源于内部,即"神圣戒律"。

这就是宗教伦理的主要心理特征:这是一个从他律到自律的内化过程,由于心理惯性的作用,迄今为止已经由当初的"他者"的"他律"逐渐过渡到了自觉的"自律"上来了。

---

① [德]伊曼努尔·康德. 永久和平论 [M] 何兆武,译. 上海:上海人民出版社,2005:82.
② [德]伊曼努尔·康德. 实践理性批判 [M]. 关文运,译. 桂林:广西师范大学出版社,2002:75.
③ [德]伊曼努尔·康德. 实践理性批判 [M]. 关文运,译. 桂林:广西师范大学出版社,2002:125.

宗教道德和理性道德之间具有很多共同的伦理原则。

"理性道德"其本质性伦理原则就是康德的"绝对道德律令",不过它并不体现于一定的社会或者国家形态中,它的个性特征就是偶然性——它只是针对极少数的哲人来说的,因为这样的伦理准则仅仅适用于极少数的哲学家或者"圣人"。也就是说,它不像宗教道德和世俗的道德原则一样是有条件、有前提的,它是无条件的道德原则、属于定言推理。所以也可以说它是社会伦理的终极理想——道德"共产主义"。对于这一点,康德曾多次论述,比如:"对于理性来说……即使是一个人不是一个道德良好的人,也会被强制而成为一个良好的公民的。"[①] 并且,"一个有理性的存在者能意识到终身不断享有的人生乐趣,就是作为幸福"。[②] 因为"理性不用借助于快乐情感或痛苦感情作为媒介,甚至也不需要借助于对法则自身的快乐作为媒介,就可以凭一条实践法则直接决定了意志,而且只因为它作为纯粹理性是有实践力量的,所以它才能有立法能力"。[③]

这段文字有两点值得注意:其一,与大多数哲学观点不同,理性道德的实践不需要情感因素作为中介,它导源于其二:意志力的源泉——纯粹理性,理智和超强的智慧、认知能力导致了能实现这种非凡道德准则的理性能力的产生。

理性者的处丧之法所遵循的原则也源于其一贯的哲学观念,具

---

① [德] 伊曼努尔·康德. 永久和平论 [M] 何兆武,译. 上海:上海人民出版社,2005:35.
② [德] 伊曼努尔·康德. 实践理性批判 [M]. 关文运,译. 桂林:广西师范大学出版社,2002:7.
③ [德] 伊曼努尔·康德. 实践理性批判 [M]. 关文运,译. 桂林:广西师范大学出版社,2002:10.

<<< 第十章 儒家伦理的世俗性与鲁南丧葬文化

有典型意义的表述就是庄子的"安时处顺，哀乐不能入"的主张，在《庄子》里有多处记录自己与他人身体力行的这样的"乖张"行为。即使是在域外也是如此，比如苏格拉底就安详而冷静地饮鸩而死，并要求亲友予以薄葬。

反之，就是庄子所痛斥和蔑视的"遁天倍情，忘其所受"的"遁天之刑"，那是世俗道德的代表形态。

世俗伦理和宗教伦理、理性伦理在实践上存在着本质的差异，同时，其遵循的原则及其表现形式也是大相径庭的。就此而言，不管是针对个人修养，还是就由每个个体所构成的社会群体来说，世俗道德的不确定性和不稳定性有时是很致命的，所以康德才肯定地断言："从他律中是永远不能产生一条可以先天而普遍地命令人的道德法则的。"① 因为"意志的自律是一切道德法则所依据的唯一原理，是与这些法则相符合的义务所依据的唯一原理。反之，任意选择一切的他律不但不是任何义务的基础，反而与义务原理，与意志的道德性互相反对。……至于纯粹的（因而是实践的）理性的自立法度，则是积极意义下的自由。……这种自律本身就是一切准则的形式方面的条件，一切准则唯有在这个条件下才能符合最高实践法则"②。康德的这段文字就涉及了政治权利与义务相关的问题——权利与义务相对应，双方是正比例关系，当一个人权力扩张的时候，相应地，他所要履行的社会义务和责任也要随之增长；反之亦然。在一个人失去了权力之后，或者本来就不具有什么权利，那么他要

---

① ［德］伊曼努尔·康德. 实践理性批判 [M]. 关文运, 译. 桂林: 广西师范大学出版社, 2002: 55.

② ［德］伊曼努尔·康德. 实践理性批判 [M]. 关文运, 译. 桂林: 广西师范大学出版社, 2002: 20—21.

承担的社会义务也是毫无根由的空穴来风，同时他的道德责任也等同于无根之木、无源之水，这样的社会体制结构所造成的结果也可想而知。这就是柏拉图在《理想国》中所设想的社会正义所要尽力避免的失衡状态，这也是世俗道德下的他律道德的直观结局。而社会规范的失序、道德秩序的失衡，就源于世俗道德的那种不稳定性特征。一个社会结构的道德构架如果说是先天就有致命缺憾的，那么最终就有可能产生致命的结果。比方说，约束力不足，就意味着道德的有效性不够，结果就有可能是道德大厦的随时倾覆。

但是，这也是一种社会意识形态。一种社会意识形态的产生和运转，是历史自然形成的，和产生它的社会文化根源息息相关。如果说文化性质不变，意识形态也不可能有根本的变化。

所以以此来解释前面所引用过的《独立宣言》中的那么一段话，还是很有参考价值的：我们坚定地信赖神明上帝的保佑，同时以我们的生命、财产和神圣的名誉彼此宣誓来支持这一宣言——这句话有那么几个很值得注意的要素："上帝"是终极道德产生之前，宗教道德是从他律到自律过程中必要的桥梁；"神圣的名誉"是庄严人格的"生命"体的必备内涵和外在显现；"财产"指的是财产权，这是一个人的权利之根本保障及其根本来源。无论是世俗道德还是宗教道德，依法治国的前提条件是把事关自然主体权益的道德原则应该上升到法律层面，以此平衡、调节社会结构和关系，以达到社会正义的有效效果。但是很显然，这就是意识形态的本然性质。所以是否会这样或者那样，依然取决于自然社会的文化性质。

二、儒法治世思想在鲁南丧葬文化中的逻辑阐释

笔者一直以为：古代东方文化中的生命哲学属于一种为生物本能性生存而必须寻求群体归属的心理需求的生命哲学，其典型模态为个人权利必须附着在群体意志中，是一种与分存原则截然相反的共存社会结构模式。这直接导致了一系列特殊的文化现象：中国古代权威至上的绝对专制形式、人文精神的匮乏、在集体主义和个人主义之间变动不居的社会伦理准则、浓重的祖先崇拜心理和实用的宗教观念、易于嬗变的价值观念等。这在鲁南丧葬文化中是十分显著的。不仅如此，儒家治世思想也在其间表露无遗，并深刻体现了儒法治世思想颉颃并用的模态范式。

（一）儒家与法家的"物权"思想及其法理意义

在上古时代哲学家们的思想中，大体有两条线或平行、时而交叉地发展着：简单地说就是"儒表法里"。但是其实又并不这么简单：一条线是卫鞅、韩非子之类的法家，以"法"为帝王资政，为君主提供"牧民"的工具，作为其理论根据，由荀子首先提出了"定分息争"的主张。所以说他们的伦理根据，就是鲜明的功利性性质。

春秋时期的慎到《慎子·逸文》和商鞅《商君书》中都提到一个著名的例证："一兔走，百人逐之，非以兔可分以为百也，由名分之未定也，夫卖兔者满市，而盗不敢取，由名分已定也……""明分使群、求定息争"，也就是明确物的所有权。这本是法家的主要主

张,但是问题在于荀子也做此比喻:"一兔走,百人追之。积兔于市,过而不顾。非不欲兔,分定不可争也。"

所以第二条线是以孔子为代表的主流儒家,以"仁义""忠恕"观为伦理准则来规范人们的社会行为。这种伦理思想,带有鲜明的"性善论"色彩和形上论性质。但是从荀子的"群分"伦理准则来观之,儒家的三大代表人物的思想核心并不重合。如本书前揭,一般来说,荀子虽然归属于儒家,但是也很勉强,至少其学说并不倾向于孔子,而更接近于法家。说有别于孔子,就在于其著名的"君主集权论"。他在《荀子·富国》里直接承接法家的学说明确地表示:"人之生,不能无群,群而无分则争,争则乱,乱则穷矣。故无分者,人之大害也;有分者,天下之本利也;而人君者,所以管分之枢要也。"在笔者看来,就此一点来说,这也就是法家治世思想的理论预设和终极结论。① 大概也因此,杨国荣先生毫不犹豫地就把他排斥于儒家主流之外②。笔者得出这样结论的原因就在于荀子把"群、分"权利分割的权利完全无条件地赋予了君主(笔者勉强称之为"绝对君主制"或"极端君主制",因为西方哲学家如康德③、马克思等对之也有类似的称呼,但是很显然,东西方文化间的类似差异是截然迥异的;与之相对应的是中国古代的行政制度可称之为"绝对专制""极端专制")。他所设想的"人君"之权利,则完全秉承了韩非子的十六字方针:"事在四方,要在中央;圣人执要,四方

---

① 任辉.儒家学说于马斯洛"安全需要"的哲学思考[J].辽宁工程技术大学学报(社科版),2007,9(3):239.
② 杨国荣.伦理与存在[M].上海:上海人民出版社,2002:55.
③ [美]伊曼努尔·康德.永久和平论[M].何兆武,译.上海:上海世纪出版集团,2005:79.

来效。"(《韩非子·物权》)而此后两千多年的历史结局表明,君主权力趋向于无节制、无限制的膨胀,并引起了由此带来的权威的绝对性质,纵横贯穿于中国古代社会的所有结构秩序中。所以,很有趣的一点是,无论是孟子的"性善论",还是荀子的"性恶论",总有挥之不去的法家的影子。只是前者温情脉脉,后者是明火执仗。

法家的绝对的权威主义不仅体现在社会结构的金字塔式构架,而是渗透在中国古代社会生活的独特的宗法制度、社会价值观、艺术和宗教信仰等各文化层面上,成为我国古代制度文化以及道德伦理、思想观念的主流与核心,体现在诸如社会生活的方方面面和人们意识或者潜意识最深处。比如古代独有的国家观也是一个显例。国家是扩大化的家庭、宗族,家族是国家的缩小型结构。以家例国、以国例家均可。所以可称之为"家—国"观,所以"忠孝"正与"国—家"的语序是相对应的。

究其原因,如前述,历经试错之后的儒家学说是保证一个社会群体生存几率最大化的最有效模式。马克思的历史唯物论在此极具说服力:"群—分"观、"国—家"观及其由之产生的生存模式完全来源于人们生物性的生存的欲求,源于真实的社会财富的匮乏状况。充足的物质保证,无论如何也难以促使人们无条件地出让自己几乎所有的社会权利。逃避自由,是因为"受虐待狂和虐待狂奋力以求的行为都是想帮助个体逃避他不堪忍受的孤独和无能为力的感受"[1],有关这一点,无论是文化心理学还是人本主义心理学都一致得出的结论。它的确可以解释人们对生存的渴求、对死亡的恐惧,

---

[1] [美]埃里希·弗洛姆. 对自由的恐惧 [M]. 许合平,朱士群,译. 北京:国际文文化出版公司,1988:105.

还有人类这样的意识物种对于精神需求、群体归属感的严重依赖的社会文化现象和集体无意识心理。但是两者相较，其逃避与依赖的程度却是大有差异的，这种程度也完全能够解释民族群体间的文化观念的差异何以有如此之大的距离。

（二）中国古代物质文化状况与伦理观之间的逻辑关系

中国古代恶劣的生存环境造就了具有中国特色的传统文化：从器物层到制度层再直到价值、意识层。所以，仅仅出于为生存而计，人们最急迫的要求就是生存——从生物器质性生存到精神性生存，并在群体的归属中寄托个体的安全感。这就是古老东方特殊的心理需求的生命哲学：个人是没有独立的社会权利的，一切均必须附着在群体意志中，是一种典型的集体性生存模式，也因此，这才有了韩非子"法""术""势"相结合的"以法治国"论，才有了荀子的"明分使群、求定息争"论和"绝对君主论"。所以，这样的生存构成模式所产生的生存精神实质就是：独特的忠孝文化和这种道德理想的实用性、易变性和不确定性。也就是说，由上述原因导致的结果造成了社会组织、政治结构的奇怪形态——个体在国家观里的伦理定位既非集体主义的，也非个人主义的。且这种伦理观是变动的，在集体主义和个人主义之间变动、摇摆、游离。正常社会状态下，一切以国家利益为重，"君君臣臣父父子子"以及"三纲领八条目"等人理伦常是绝对的伦理准则，社会组织结构要求个人要随时为"集体"牺牲所有本就不多的个人权力而无偿奉献所有的利益，因而也可以称之为"集体主义"——在这里，人们构成了一个毫无异议的共同意志的集合体，人们坚信只有这样，才能给人提供最大的生存可能性。并且，长期的"他律"也使得个人牢固树立了"国家"观念，潜意识里要时刻准备为"集体"牺牲自己；在不违背这个原则的前提情况下，则允许"人不为己，天诛地灭"的伦理观念与之共生共存。但是值得注意的是，此观念仅仅意味着个人利益至上：是"利益"而不是"权力"，所以"人不为己"与"个人主义"是丝毫也不搭界的，因为个人是没有"个人主义"的根基——绝对财产权的。财产权——"我对事物有最低的限度的支配权"是个人权利的绝对先决条件，并且这也是一个无须证明的、先验的"自然权利"①。没有基本物权的保障，生存保障的不确定性也随时动摇着人们的信仰——信仰的易变性、虚幻性也随之而来：尽可能最大限度地保存一点最基本的"利益"或者物质条件，就成为人们孜孜以求的目标。这样的个人求生目的的普世性存在使得"集体主义"的理想成为遥不可及的幻觉。正如麦金太尔一针见血地论断：美丽的平等，"除非人类生活基本物质方面的不平等开始有了被废除的可能"，它"就不可能荐举为人类生活的一般价值观"；物质产品拥有量的悬殊差异，使得"这种社会条件下的平等充其量不过是一种幻觉"。②所以我们常常看到，一旦社会约束环境稍有宽松，或者在物质条件极端恶化的情况下，国家和宗族对个体的压迫也就随之放松甚或是瓦解和崩溃，个人的利益欲望也随时膨胀至于极致，导致新一轮的社会结构的巨大动荡，或者是王朝更迭甚至人种生物基因的转变——这也是"世俗道德"的一大特点。

---

① [美]阿拉斯代尔·麦金太尔. 伦理学简史 [M]. 龚群，译. 北京：商务印书馆，2004：211.

② [美]阿拉斯代尔·麦金太尔. 伦理学简史 [M]. 龚群，译. 北京：商务印书馆，2004：163.

就"国家观"而言,我们也可以从柏拉图与顾炎武的国家观念的对比中看出其间的区别,在此有必要再次强调顾炎武所明确区分的"保国"与"保天下"之间的关系:"是故知保天下,然后知保其国。保国者,其君其臣,肉食者谋之;保天下者,匹夫之贱与有责焉耳矣。"在这里,顾氏的"国"其实就大体相当于柏拉图时期的"城邦",或者范围再大一些:从宗族到封王领地,抑或是天下分封制时期的"国家"。"天下"是"国家秩序",这是保障所有个体生存的最有效条件——这也是黑格尔"国家观"的主要论点。所以这样的"国家"一旦遇到危机,贵族和黎民百姓自然会自发地结合起来"保家卫国""生死与共"。就这一点来说,人们对汉唐之赞誉,很大一部分原因就在于此;至于"国"者,那是"肉食者"采邑制诸侯们的利益之争,与为"稻粱谋"的百姓没有直接的利益瓜葛,他们乐得作壁上观——虽然自身必然遭到生灵涂炭。"七国之乱""八王之乱"等等皆可为例。

与之相较,柏拉图的"城邦"正义是"政治等级制、价值观念和权力结构"的共同体,他的出发点是"个体"权力观。这就是东西方文化本质的根本性区别。所以人文道德贯穿于欧陆宗教文明,其"团队精神"和正规有序的社会组织观念正是每个个体集合起来的道德信仰。苏格拉底则认为个人的正义与城邦的正义是一致的,而"城邦的正义"——一种放大了的个人的正义,其结构模式与东方的"国家"何其相似。但是历史发展却证明,两者的伦理结局大相径庭:"我的附庸的附庸不是我的附庸",因为"正义原则肯定每一个都有权利享受同等的机会"[①],所以,人类文明史才有了"光荣

---

① 杨国荣. 伦理与存在 [M]. 上海:上海人民出版社,2002:53.

属于希腊，伟大属于罗马"之说。

所以，介于"个人"与"集体"之间的"国—家"式社会组织观念，也是解读古老东方文化的一把钥匙。这样的文化传统有各种外在体现：笔者以为其中以饮食文化与丧葬文化最为突出——忠孝思想和人们生存观念的集中体现。这的确是值得人们细加思考的文化现象。

（三）儒家的孝悌思想与鲁南丧葬文化中的道德哲学

孔子具有悲天悯人的博大人道情怀："未能事人，焉能事鬼？""未知生，焉知死"（《论语·先进》），很重视人的生命价值；但是其人伦等级制又为后人的推而广之以致极致提供了把柄："孝悌也者，其为人之本与？""其为人也孝悌，而好犯上者，鲜矣"（《论语·学而》）、"三年之丧，天下之通丧也"（《论语·阳货》）。我国古代的儒家学说作为思想主流纵贯整个中国封建历史，成其为社会伦理道德的根本依据，它的影响甚至曾经覆盖于整个东南亚儒家文化圈。但是由于中国古代文化地域的封闭性，各地的社会风俗虽然围绕东方特有的儒家学说万变不离其宗，但是其表现依然是五花八门。以鲁南文化为例，表现在丧葬文化上就十分具有典型性。笔者所在的鲁南地区丧葬文化十分发达，具体来说其丧葬活动具有以下特点。

如前所引山东省枣庄市的《峄县志·风俗》（卷六）记载：

> 丧礼大小敛，附身衣衾皆取美好，而尤以棺椁为兢兢。平日闻有松柏嘉木可用者，不惜重赀购之。木漆工皆求其技精者为之，虽费不訾，不惜也。殡时延僧道齐诵鼓吹。幢盖以及彩

匠为假舆马、幡旗、楼阁必备。以故一丧之费，动系数千金，亦俗敝使然也。然期功之丧，尚织带素衣履，犹有先王之风焉。士人皆无祠庙，间或有之，其岁时致祭，亦多于墓、于寝。所荐诸物皆以其节；而以纸钱为先，则近代之俗也。

这个记载传达了以下几个信息。

1. 礼仪的复杂性。这可称得上繁文缛节，自始至终，参与其间的人们的一举一动都有严格的规范约定。

2. 组织的规模性。根据死者和孝子的社会地位以及家族势力，可以从核心家庭一直扩大到整个家族甚至是宗族。

3. 严格的等级制。整个过程中，所有的仪式、礼仪，都依照辈分或者身份排定先后次序，丝毫不乱。

如果从文化哲学角度来解析的话，这样的丧葬文化本质有深浅两个层次，浅表层表现在四个方面：（1）祖先崇拜，（2）权威至上，（3）信仰的功利性、实用性，（4）道德伦理的不可靠性甚或是虚在性。

这些信息的实质的渊源、深层次的原因有三。

1. 对基本生存的渴求和对自己生存能力的不信任。众所周知，连诸子百家都竞相攀附古人。所以"三年无改于父之道，可谓孝矣"（《论语·学而》）也就顺理成章了；但是同样是儒家经典，《周易·系辞下》则云："易穷则变，变则通，通则久。是以自天佑之，吉无不利"，既要守孝而不变先人之道，又要因时因事而有所变化，这不仅让人莫衷一是，而且最终人生命运还是要靠老天来保佑的。在神秘的大自然面前，人们只能手足无措。

2. 不管是权威至上还是信仰的维护，均源于利害考量的道德原则、道德他律性——他人的监督、对比以及实用利益。它所产生的是道德的外在性与虚伪性，与笔者所总结的"宗教道德""理性道德"完全不同，这就是"世俗道德"不稳定性的深刻体现。其间完全没有休谟所着力推崇的情感要素在其中。知、情、意的三大意识功能只有本能性的"意"混杂在里面。

结果是，只需实用性的生存信仰，只需要现存的"实用"工具，而不需要"创造与实用"的科学技能性的知识要素。所以思辨性逻辑思维缺失，科学的不发达也概源于此。历史进程到了明清两代，一切都暴露无遗：人口的波浪线式急速增长、扩张和农业技术以及产量的停顿以致倒退①。这是李根蟠先生几多犹豫之中很不愿意得出的结论。但这就是古老东方文化熵值在无数次的社会动荡、王朝更迭中无限递减的历史逻辑结局。

3. 道德的易变性、不确定性或者说虚伪性也是源于世俗道德的实用性、功利性特征。可谓显例的是《后汉书·陈蕃传》所记载的一个著名的故事：陈蕃就因赵宣葬亲诈孝而怒杀之。这个故事以及类似历史现象应该对我们有所启示："举孝廉制"的衰落与社会道德的虚伪性、不可靠性有关。由此可推及，"九品中正制"的消亡则与贵族的道德伪劣有关。古代俗语之所谓的"脏唐臭汉"是为之典型代表。

中世纪欧洲各国政府的官员选拔制则实行赐官制，文职官员的录用不进行任何考试。虽然也是弊端丛生，但是其社会道德秩序却并不因此而产生巨大变化。后来引进了中国的官员委任考试制，政治面貌更是为之一新。所以，"文化宿命论""文化决定论"学说即便可能存在种种诸多的不足与缺陷，但是它的产生自有其难以磨灭

----
① 李根蟠. 中国古代农业 [M]. 北京：商务印书馆, 1998：88—89.

和遮掩的经验与实践渊源的。

人类和其他动物一样，都有自己内在的生存趋向，这正如麦金太尔的伦理学解释："人类，像其他物种一样，朝着自己的目的运动；它的目的仅仅是考虑到他与其他物种的区别所决定的。"① 但是其间的差异又何以道里计：人，毕竟是理性、精神性、意识性生物物种。有关对人类的所有解释必须以此为起点。

三、鲁南丧葬文化中的道德哲学——在道德观与财产权之间

笔者曾经尝试把道德划分为世俗道德、宗教道德和理性道德三种类型。一种社会道德观的诞生与兴盛一定和它所在的道德环境紧密相关，特别是世俗道德，与环境的关系更紧密。道德环境包括社会组织结构、经济基础、政治观念甚至文化人类学条件。其中政治观念中的权力观与人们的道德观息息相关，而政治权利中的财产权更是其中的枢纽，它在掌控一个社会的道德规范中起着决定性的杠杆作用，决定着一种道德观念的性质，决定了其历史走向，更决定了其在社会结构中的稳固程度与持久程度。中国古代社会的经济运行模式、行政管理模式和政治权利观念决定了中国古代道德观念的有效度与有效性等特质。

在一个文化群体中，一个自然个体的人存在的依据有两个条件：一个是硬条件，即生存权和财产权；一个是软条件，即爱与尊重、归属感等，也就是马斯洛所说的"高级需要"。就二者的关系来说，

---

① [美] 阿拉斯代尔·麦金太尔. 伦理学简史 [M]. 龚群, 译. 北京：商务印书馆，2004：99.

前者是后者的基础和条件。只有自然生命的可靠性存在，才有可能拥有内在或者外在的其他附属人的类本质内容，这是毋庸置疑的。但是这一点能否得到充分保证以及保障程度，又与这个文化群体的政治制度和道德、法律等上层建筑的性质紧密相关。财产权是生存权的附属物，它与一个生命个体在他所在的社会结构中的附属状况和其生存权状态呈正比例关系。反过来，财产权也能证明该生命个体在其间的生存模式。

伴随硬条件带来的一个自然生命的生存现象就是他生存的软条件：他在这个特定文化环境中受到的被爱、尊重和归属感甚或是安全感程度。这个程度的高低与他的财产权的拥有、可使用程度也是呈正比例关系的。也就是说，他对财产的拥有权逾高，他所拥有的软条件程度也就逾高，反之亦然。

在他的文化和社会环境中，他的软条件也决定了他对这个社会的情感态度、道德观念和所愿意承担的责任程度。换言之，如果他的安全感得到充分保证，受尊重程度等软条件越高，他对这个社会的人生情感也就越深厚，道德观念也就越强，所愿意接受的责任与义务也就随之增加；反之亦然。两者之间也构成了正比例关系。

硬条件和软条件两者相加就构成了"消极自由"的基本内涵，也决定了道德载体对于肩负的道德责任的认同程度。而这样的认同程度又决定了道德客体和标准的稳定程度、可靠程度。

这个生命个体在他所在的社会架构中，所拥有的软硬条件具备充分的话，那么他的其他社会权利也就随之增加，比如政治权利。这反过来也会促进他的软硬条件更加稳固。如果这个条件成立，那么这个社会环境和结构也就会随之进入良性循环状态；反之亦然，就会陷入道德失序的状态。所以一个人的生命条件和他所拥有的政治权利也是正比例关系。

所以，良好的软硬条件就构成了一个人"积极自由"的基础。这也就是人们孜孜以求的理想的社会环境。但是一般而言，这种状态是不圆满的，它的关键点就在于消极自由中硬条件——财产权。

一个生命个体的存在状态与他的外在条件息息相关。在一个相对成熟的社会关系中，各种条件及其结构关系也是相对稳固、持久、恒定的，其结构力的支撑杠杆也是强有力的。正如孟子所尖锐指出的：有"恒产者"方有"恒心"，即道德责任感。

财产权和道德观念也是成熟的社会架构中的构成要素，然则却是间接关系，起决定作用的中间的过渡层级要素是政治结构、政治权利，也就是说，财产权的状况通过政治结构决定着一个人的道德观念、道德观念的可靠稳定程度、忠实信用程度及其优劣程度。所以财产权之于政治权利的逻辑上是处于先决条件位置的，这是毋庸置疑的。对此，卢梭是这样表述的："唯有在财产权确立之后，才能成为一种真正的权利。每个人都天然有权取得为自己所必需的一切。"① 现在看，这是古典哲学的影子。哪里有先验的实践现实性与现实存在性，先验性只存在于人的思维性，其间的断层是永远存在的。所以康德说："人类的悟性永远探索不出它们的可能性。"② 这种先验论自始至终贯穿于卢梭的全部理论，所以结论也是如此："基本公约并没有摧毁自然的平等，反而是以道德与法律的平等来代替

---

① [法] 让·雅克·卢梭. 社会契约论 [M]. 何兆武, 译. 北京: 商务印书馆, 2003: 27.
② [美] 伊曼努尔·康德. 实践理性批判 [M]. 关文运, 译. 桂林: 广西师范大学出版社, 2002: 129.

<<< 第十章 儒家伦理的世俗性与鲁南丧葬文化

自然所造成的人与人之间的身体上的不平等……"①

这种先验的"自然权利"学说是近代哲学和伦理学的基本主张。正如麦金太尔引用奥弗顿《一支射向所有暴君的箭》里的一句话说:"每一个实际存在的人,都有自然赋予的个人财产,这是不能被任何人所侵犯和篡夺的;每一个人,他就是他自己,因而他有他的个人财产,否则他就不是他自己了,所以如果别人擅自剥夺他的任何东西,就明显违背和冒犯了真正的自然原则,明显违背和冒犯了人与人之间平等和正义的准则;关于你的和我的权利,除此之外,岂有他哉。"②

财产权是所有其他权利的核心和先决条件,也同时决定了财产所有者的道德理念,并最终决定着一个社会架构的稳定程度和文明程度,再延伸为人们的幸福程度。

就幸福感来说,康德就认为:"道德法则本身并不预许人以任何幸福,因为照我们所设想的一般秩序来说,幸福和遵守法则一事并不是必然地结合在一处的。"③虽然如此,即使遵守法则意味着不幸福,那也是自愿选择的行为。再则,康德的这个论述明显有西方中心主义的痕迹,所以,在此康德主要讨论的是宗教伦理。而在世俗伦理中,不同的社会结构类型更是千差万别。仅以古代东方伦理为例,幸福感不仅是预许的,而且也很可能是预夺的。不仅幸福感是这样,对待财产的伦理法则、甚至法律原则也是如此。类似于东方

---

① [法]让·雅克·卢梭. 社会契约论 [M]. 何兆武, 译. 北京: 商务印书馆, 2003: 30.
② [美]阿拉斯代尔·麦金太尔. 伦理学简史 [M]. 龚群, 译. 北京: 商务印书馆, 2004: 210.
③ [美]伊曼努尔·康德. 实践理性批判 [M]. 关文运, 译. 桂林: 广西师范大学出版社, 2002: 124.

的一个成语叫作"予取予夺"。所以，如果一个人的生命权的直接附属物及其证明、保障处于这样不稳定的状态中，人们的伦理观念和道德准则难免不受影响，二者之间的函数关系是，前者为自变量，后者是因变量。

在古希腊，柏拉图就认为，在一个完善的城邦里一定具有几个美德，即智慧的、勇敢的、节制的和正义的。因为，人都具有理性意志和欲望。理性即智慧和知识，当理性支配意志和欲望时，后两者则表现为勇敢和节制。可见，智慧、勇敢和节制都是人的美德。人们具有这样的伦理操守，是由其所处的社会环境决定的。柏拉图把正义分为国家正义与个人的正义，他在《理想国》中指出国家的正义就是国家的三个阶层各守其职、各安本分。正义就存在于社会有机体各个部分间的和谐关系中，每个阶级的成员都专心致力于本阶级的工作。即正义就是"各守本分，各司其职"。使每个人都在最适合自己能力的岗位上工作是社会组织的最高原则，它关系到全体社会成员的整体利益，这就是社会的最大正义。而个人的正义就是人心中的三个部分，各尽其职、各安其分、各展其能，这是社会和谐稳定的基础和可靠保证。

国家与社会以及个人之间的平衡关系的基本维系链条就在于此。

古希腊的社会实践很好地证明了霍布斯等的"新价值观"："任何国家如果宣称对我拥有权利，即对我和我的财产拥有合法权利，都必须证明存在一种契约，我签订了该契约，国家履行了它那部分义务。"[①]

---

① [美] 阿拉斯代尔·麦金太尔. 伦理学简史 [M]. 龚群, 译. 北京: 商务印书馆, 2004: 212.

第十章 儒家伦理的世俗性与鲁南丧葬文化

由此可以得出某种程度的结论：道德感与政治权利紧密相连，权利的富有者就具有很强的道德感，反之则不然。这个"富有"，指的是所有权的可靠保障性和保障的持久性。

康德曾认真讨论过政治权利与义务相关性——权利与义务相对应，双方是正比例关系，而无论一个人所处的是什么样的社会类型、道德类型。只是在不同的社会、道德类型中，双方的对应关系不同：运转正常的社会组织，国民的权利与义务是相对平衡的，并且在质与量两个方面作正面扩张；反之，在肌体运行不佳的社会结构中，权利与义务是失衡的，并在质与量两个方面作不规则的扩充或者收缩。前文已述，财产权是通过政治权利作为中介作用于道德观念的。运转良好的社会，这三点是做良性循环、相互促进的，否则其情形就极有可能会处于一个怪圈中了。

可作参考的一个类型是东方社会文化，这是具有典型意义的世俗文化。如前曾多次引用和论述的鲁南地区的丧葬文化（枣庄市的《峄县志·风俗》（卷六）所记载）的几大特征：一是礼仪的复杂性，二是组织的规模性，三是严格的等级制，四是伦理规范的表面性。

细致推究这种丧葬文化中的礼仪，可以推导出一个基本结论：人们豪奢挥霍的是自己所拥有的物质财富，对于一个正常人来说，如果不是出于特殊的原因，这是不符合一个正常的伦理准则的，而这种伦理规范是极有一定价值规律的。我们只能得出结论说，这种挥霍性物质消耗，是出于人们生活观念的某种不定性，更可能是其所依据的道德规范很有可能就固有的不确定性、不稳固性和表面性、外在性。奢侈和礼仪的繁复性表现了人们对财产所有权得不到保障的恐惧性。两者是呈正比例关系的。人们在极度的物质消耗中得到了乐趣，也证明了自己对于财产所有权的攫有心理。

丧葬礼仪中的奢侈与炫富就根源于这种心理内质。人们期望用财产的拥有权来证明身份和生命权的确立，得到爱和尊重，就有了群体归属感的条件。如果得不到应有的保证，人们就只好极力地消耗和浪费，以此来求得心理虚幻的满足。

中国先秦时代的孟子和荀子是性善论和性恶论这两种道德观念的代表。孟子认为"人皆有恻隐之心"，他认为"人性本善"就是道德成为社会伦理准则的无须证明的先验因素。与之相反，荀子则以为人性本恶，所谓的"善"是人为的、伪装的——"其善者伪也"。所以要制定强硬的伦理法则来规范人们的社会行为。作为统治阶级，形式上喜欢宣扬孟子的人性善论，因为这是用来治理国家的天然的理论根据。但是从本质上说，中国古代帝王专制的根本方法和目的，则是法家的"霸道"之道。但是就在这里，道德情感说与道德理性说就发生了分离：情感是幌子，实用是目的。而这样的政治结构，所带来的恰恰就是道德准则的不确定性，或者说，内心的道德伦理的表里分化，直接造成整个道德构架内在的不稳固，进而影响整个社会道德体系，形成一种长期的、持久的历史逻辑结局。

其实，孟子和荀子所论述的善恶只具有相对意义，与柏拉图等人的道德观念、道德标准和道德实践均是完全不同的，仅仅因为造就道德系统的社会基础不同。就财产权而言，国家政治制度不同，这个政体对待构成一个社会群体的个体的态度自然也就不同，那么反向运动的作用力有可能会更大，最终的社会历史状态也就迥然相异了。

第十一章 附加语：中国传统儒家文化在近现代的境遇

以儒家学说为核心的中国古代思想构成了中国传统文化的主要内容，纵横贯穿了整个中国封建历史。其间跌宕起伏、存亡绝续，跌跌撞撞绵亘了近三千年。但是进入了近现代时期以后，儒家文明受到了前所未有的挑战，遭受了前所未有的冲击，也面临着前所未有的历史选择。同时，以儒家学说为核心的中国传统文化和道德伦理体系也在经历一次又一次的洗礼和是非优劣的考验。这样的洗礼和考验，是在世界上的其他文明身上所未曾发生过的。但是，我们也可以同时从中清醒地认识到，这也正是儒家伦理体系的性质和本色在经历一次又一次的检验——是非优劣全在于它自身。并且，未来依然会继续检验。

中华民族有着悠久的传统历史，其灿烂的文化是世界文明的一颗璀璨的明珠。而肇端于1840年的"鸦片战争"，则彻底地打破了东方的宁静，也完全彻底改变了中国的社会生活。至此为止，中华文明、中国传统文化从未遭受过如此剧烈的冲击、从未遭遇过如此强烈的挑战。其对于中国历史文化产生的巨大影响，对于中国社会格局造成的巨大改变，远超乎人们的想象，甚至至今余续未绝，议论之声不绝于耳。人们在此后的岁月里，还在不断对其历史缘由及其当时和此后与世界之间的关系仍然在不断进行探讨和反思。比如冯友兰就曾认为："说西方侵略东方，这样说并不准确。事实上，正是现代侵略中世纪。要生存在现代世界里，中国就必须现代化。"①也有人认为"一百年来的中国近代史其实是一场现代化史"②。更有许多人就试图用新的现代观念来解读过去的历史，比如有些观点就认为洋务运动是"近代中国的第一次现代化运动"，戊戌维新运动的失败与变法派人士所作出的激进主义政治选择的失误有关，义和团运动"貌似爱国，实属误国、祸国"诸如此类等等。近代史以来的文化探索和反思，基本上都是国内学者们采用西方现代哲学、文化研究理论和某种角度、方法，以用来观察分析世界的现代化进程在中国的引入和发展的曲折历程。人们对鸦片战争以及其后一系列的历史事件所引发的思考和总结出的经验教训，依然是落后就要挨打。但是随着人们的理性认识的深化，人们对于中国传统文化在其中的作用和优劣的认识更加复杂化，也更理性，影响也更为深远；其次就是自身的落后即使对于自己来说也是值得反思的现象，因为落后也就意味着自己的停滞。而一旦社会发展停止了，带来的问题就不仅仅是挨打这么简单的问题了。这又回到中国传统文化与实现现代化之间说不尽的关系问题上来了。

在此后的岁月中，中华大地上不断地上演一次次的重大历史事

---

① 冯友兰. 中国哲学简史［M］. 北京：北京大学出版社，1985：35.
② 冯林. 重新认识百年中国——近代史热点问题研究与争鸣［M］. 北京：改革出版社，1998：4.

件。而每一次翻云覆雨的历史事件，首先都要触及中国古老的传统思想，中华民族古老的价值观念也一再被激烈地撞击。有关于其是非优劣的探索与辩争随着历史长河的推移此消彼长，至今也从未间断过。人们在对近代史以来的历史文化的反思之中，其中一个颇具代表性总结性的说法是：近百年的中华民族的文化根本只有一个问题，即追求近代化，也就是一个融入世界的问题。但是这里面也存在着主动融入与被动推入之间的矛盾与悖论。被动的状况和中国固有的文化传统有着息息相关的联系。同时，中国的落后，是相比起西方发达国家来说的——与在全方位快速增长的西方国家比较，是在政治制度、社会文化、经济、军事力量等全方位的落伍。或者说，古代中国几乎是在近千年的时间里原地踏步的，基本处于完全停滞的状态。以往的领先地位，至此已经被急速发展的西方世界完全打破和替代了。究其内在的原因，是文化的支撑力量优势已经不在了，发展进步的基因和内在机制完全缺失了。农耕文明的经验主义，和人们习惯性的生存状态，以及集权性的宗法制度等综合因素，导致了中国古代社会发展进步的内在动力完全消失。可以这样说，如果不是外来因素的介入，古代社会的这种状况还会继续下去，这是在近代史上有着惨痛教训的东方文明必须要面对和思考的长远命题。

一、近现代中国社会对传统文化的批判——反思与再实践

（一）"鸦片战争"：中国进入近代社会的开端和当时的世界文化背景

1840年的鸦片战争使得整个中国沦为半殖民地和半封建社会，

而中英签订的中国历史上第一个不平等条约《南京条约》则标志着中国近代史的开始,也意味着中国从此进入了半殖民地半封建社会。此后随着被西方列强侵略的加深,清廷被迫割地、赔款,出让大量利益特权,给中国人民带来了深重的灾难。

在此为了更好地分析和理解问题,有必要简要了解一下当时的西方历史文化的背景。

到19世纪初叶,以英法等国为代表的欧洲当时已然进入了成熟的近代社会,并在社会制度、经济、军事和文化等各个领域全面领先于世界。

首先是政治文化的变革。承接两希(古希腊和希伯来)文明的成果,科学与民主——在中国近代史上著名的新文化运动中所高扬的两大旗帜,那时在西方社会已经相当固定成型了。

其次是工业发展和经济变化发展。其时英国已经完成了近代工业革命,进而凭借巨大的经济优势在全球进行经济扩张和殖民扩张。而这种扩展又是以军事上的强大作为强有力的后盾保证的。这个过程其实也就是西方的强势文化和经济、政治制度强加给世界的过程,古老的中国也不例外。

再次是发端于十五六世纪的欧洲民族国家的发展形成,进而国家之间的国际关系和规则秩序也随之形成了。而还处于"天朝上国"的故步自封的清政府对此不仅毫不知情,反而依然对于外在的国家和族群一概斥之为"蛮夷之邦""化外之民"。

李鸿章代表清政府签订《马关条约》的曲折过程本身就是一个令人深思的历史大事件。从此后病入膏肓、临终之前的李鸿章在给朝廷的奏折之中可以略窥:

<<< 第十一章 附加语：中国传统儒家文化在近现代的境遇

臣等伏查近数十年内，每有一次构衅，必多一次吃亏。上年事变之来尤为仓猝，创深痛巨，薄海惊心。今议和已成，大局少定，仍望朝廷坚持定见，外修和好，内图富强，或可渐有转机。譬诸多病之人，善自医调，犹恐或伤元气，若再好勇斗狠，必有性命之忧矣。①

这封言辞恳切的奏折所暗含着的意思可以解读为自从第一次鸦片战争和"火烧圆明园"的第二次鸦片战争开始所引起的西方列强的军事侵略，其中部分原因就是盲目自大、闭目塞听的清政府不了解世界、无视国际规则而导致的无谓战争。所以我们说，此后的中国社会的历史进程也可以理解为被迫逐步接受现代社会的规则的历史过程。

（二）"甲午战争"和"戊戌变法"：新旧文化思想的第一次正面交锋

"落后就要挨打"的历史教训从来没有像鸦片战争这样的历史事件那样让国人、特别是有识之士受到异乎寻常的震动，并开始对自身的文化问题和外面的世界展开了重新再认识和思考。

与中国同属于东方的日本国自从"明治维新"开始迅速崛起，在短短不到30年的时间迅速成为列强之一。近似的历史遭遇和不同的历史结局更引起了中国国内有识人士的注意和对其侵略本性的警惕。所以一方面加强对它研究并派遣留学生东渡扶桑学习，一方面又打算复制和模仿。"百日维新"就是其中的一例。1895年中日"甲午海战"和威海卫战役中，北洋海军覆灭，清政府被迫向日本求

---

① 牛贯杰. 重读李鸿章［M］. 北京：东方出版社，2014：222.

和，签订了中日《马关条约》。在这样事关国家重大利益的历史情形下，康有为等"公车上书"，反对同日本议和，请求变法。而1898年慈禧太后发动政变，戊戌变法失败。康有为领导的戊戌维新运动是中国近代史上最具典型意义的一次改良运动，也是对于中国传统文化的第一次历史性的变革尝试。维新派不仅认识到了固有的文化传统已经不适应于时代要求，从而试图根据世界文化的新内容予以改变，而且还付诸实际行动。但是这一次维新运动的所要达到的挽救民族危亡、发展近代资本主义和改革传统文化当中蕴含的历史惰性因素这两个目的均没有达到。因为当时的思想和文化基础均不足以完成这样的历史任务。由此可见，中国古代传统文化内蕴中的惰性力是多么的强大，是如何的根深蒂固。而这样的文化顽固性，一方面体现在客观的社会体制当中，另外一个方面，也体现于改革派的无端自信之中：他们的改革热情不可谓不高涨，不可谓不先进。但是徒有热情显然是不够的，而缺乏对固有的文化传统的理解、判断与适应，也是导致改革失败的又一大根本因素。

从"公车上书"所演化的社会政治运动到百日维新，其最大功绩在于他们在中国近代史上开启了资产阶级思想启蒙作用，使更多的知识分子和基层民众开始重新认识自身的历史文化，并开始接受西方新兴资产阶级政治学说和思想，甚至也促使有些清廷保守派势力也发生了转向。

（三）"洋务运动"引发"中体西用"的论争：中西文化的第一次大碰撞

1. 洋务运动的发端

面对西方列强的入侵而导致的军事的惨败，对于有头脑的部分官僚阶层来说，首先使他们意识到坚船利炮的巨大优势和作用，于是便开始寻求向西方学习，建立近代军事工业。

曾国藩攻陷太平军的重要军事要地安庆之后，就在那里创设"安庆军械所"。它是洋务派办的第一个军事工业。1872年李鸿章在上海设立轮船招商局。它是洋务派办的第一个与民用有关的工业。此后，李鸿章等人便陆续建立了近代军工企业。清朝末年湖广总督张之洞为推行"湖北新政"，在武汉创办了汉阳铁厂、汉阳兵工厂、汉阳火药等现代制造企业，形成了壮观的十里"制造工业长廊"。其中著名的汉阳铁厂在抗战中生产了大量用于制造枪支弹药的钢铁，甚至直到20世纪50年代还在维持生产运营。

但是，洋务派推行工业化的过程是艰难的，成果也是脆弱的，他们所受到内部封建保守势力的阻挠和抵制力量是异常的强大。因此，洋务运动在甲午战争战败后便衰微了。

2. 洋务运动的意义

洋务运动是中国历史第一次把学习西方的思想、西方文化的具体实践化。它引进了西方近代科学和生产技术，成了中国近代化的开端，并诱导了民族资本主义的产生；洋务运动举办新式学堂，开始了中国的近代教育；促进了西方政治学说、民主思想在中国的传播；民用企业的创办对外国经济侵略也起到了一定的抵制作用。也就是说，洋务运动开启了古老的中国迈向世界近代化的小心翼翼的第一步。但是，洋务运动也遭到了顽固派以违背"圣人之训"等所谓"祖制"为由的强烈反对，并由此而引发了中西"体—用"之间长久的论争。"中体西用"是"中学为体、西学为用"的简称，是30多年洋务运动的纲领性口号和指导思想。洋务派竭力主张学习西方的技术以自强。但他们仅仅是着眼于利用西方工业革命之"用",并不打算改变固有的政治体制和思想文化。可即便如此,顽固派依然以之为"奇技淫巧",担心会因此而可能改变"古法祖制"而极力排斥、阻挠近代工业的发展,使得近代工业化进程举步维艰。同时也一再证实了中国传统文化惰性力之强、改变之难,以至于即使浮光掠影的社会改革和文化改造都寸步难行。

3. 历史文化的惰性、顽固性和历史惯性

鲁迅在其《呐喊·自序》里曾经感叹:自己被迫到外国人办的学堂里学习的遭遇:"我以为在这途路中,大概可以看见世人的真面目;我要到N进K学堂去了,仿佛是想走异路,逃异地,去寻求别样的人们……那时读书应试是正路,所谓学洋务,社会上便以为是一种走投无路的人,只得将灵魂卖给鬼子,要加倍的奚落而且排斥的。"①

鲁迅先生所称的"那时"的中国已进入近代社会的末期。而西方世界也已接近于现代社会,距离第一次世界大战也大概只有十几年了,但是这个古老的民族还面临着"周虽旧邦,其命维新",处于艰难历程的起步阶段。有时候掌握实际大权的洋务派在强力政权的支撑下要想修一条铁路,都会被地方保守势力以"风水"或者"祖法"等为由予以阻挠和反对从而无法予以实施。甚至连谈论西学都是可耻的事情:"耻言西学。有谈者则诋为汉奸,不耻士类。"② 这就是古老的文化糟粕性内容对于新兴事物、新式思想所产生的巨大

---

① 鲁迅.呐喊·自序 [M] //鲁迅全集:第一卷.北京:人民文学出版社,2000:437.

② 金元浦.中国文化概论 [M].北京:中国人民大学出版社,2014:222.

阻力。这样的阻力对于中国的现代化事业来说,是最应该值得警惕、关注和反思的。

(四)"西风东渐"与《海国图志》的历史命运:第一次"睁眼看世界"

每一次和每一种历史变化都是伴随着思想界的剧烈嬗变和反思,然后又对于社会历史的影响产生了正面或者反面的影响和作用的,概莫能外。近代伊始的中国更是如此:在这方面林则徐与魏源走在了历史前列。

最早睁眼看世界的是面对倚恃坚船利炮来犯而坚决予以奋起抗争的林则徐,他首先开始有意识地编选、翻译有关了解西方国家知识的文字。而继之著书全方位地介绍西方的则是魏源。他所撰写的《海国图志》巨著系统介绍了西方的地理、历史、经济文化和军事等各方面的知识,引起了国内相当一部分人的震动。而他提出的"师夷长技以制夷"的著名主张,则更成了一个众人瞩目的崭新学说,从而引发人们开始注目世界、关心时局,并寻求强国御侮之道。但不能不说的是,当时更多的人对于这样的"睁眼看世界"并不感兴趣,所以这一类的资料对于当时的中国社会几乎波澜不兴,作用极其有限,所以知晓这一类的外界知识、并对其感兴趣的人士甚少。而中国的东邻日本此时也和遭难的"老大哥"一样正遭遇西方的侵略,而转译过去的六十卷本《海国图志》却比其母国产生了更大的举国震荡,更极大地激起了他们浓厚的寻求新知识以自立图强的愿望和希望,从而产生了更为深远的历史影响,对于推动"明治维新"运动的成功起到了重大的作用。

(五)"太平天国运动"和"义和团运动":对于中国传统文化的截然相反的民间再实践

1851年,由洪秀全、杨秀清、石达开等组成的领导集团从广西金田村发动了规模巨大的农民起义。太平天国定都天京之后,实施了一系列的改革行动,主要是颁布了《天朝田亩制度》。他们试图通过这一方案,想要建立"有田同耕,有饭同食,有衣同穿、有钱同使,无处不均匀,无人不饱暖"的"大同"社会。但是因其违背社会发展规律而使这一方案其实并没有得到机会真正实行过。从理论上和实践上看,太平天国虽然是中国历史上一次最大规模的农民起义,毕竟还是一次单纯的农民起义,不可能建立一个区别于封建王朝的新政权,且自身的腐败和奢华行为几乎也可与封建王朝相比拟,所以它本身不能算作是民主革命的。有一点需要强调的是:声势浩大的太平天国运动是以"拜上帝教"作为旗帜来引发全国性农民运动的,也是中国历史上第一次以"异教"性质的农民战争的主角身份登上历史舞台的,他们的基本教义和行动纲领是以基督教教义的基本轮廓为主,又糅合了中国传统文化的一部分内容杂拼而成的。由此可以给人们一个启示:异质的文化思想并非不可推翻原有的文化传统。反过来说,在一定强势文化的颠覆下,原有的文化传统是可以改造甚至完全推翻的。

"义和团"原本是一个分散的民间团体,本名"义和拳"。但是在民族危亡的形势下开始有意识地组织化并迅速扩大规模,在京津冀鲁等省份形成了强大的势力,并在慈禧太后和一帮清廷上层保守派的支持、诱惑和利用下打出了"扶清灭洋"的旗帜。1900年6月,八国联军侵略中国的一个缘由就是义和团的盲目排外、斩杀在华洋人造成的。义和团最终被慈禧太后抛弃,慈禧太后在逃亡途中下令"全国剿杀",致使义和团在八国联军的联合绞杀下损失惨重而最终消亡。但是义和团运动也给了后人一个有裨益的启示:固守成规和拒斥异己的观念在人们的心目中仍有相当深厚的思想基础,其根深蒂固的性质很不容易改变。

(六) 中国现代化的第一步:辛亥革命——中国历史上的第一次共和

1. 民国的幻觉、帝制的阴影和新文化的昙花一现

1911年10月10日,武昌起义爆发,革命首先在武汉三镇取得胜利,成立了湖北军政府,改国号为中华民国,史称"辛亥革命"。但是不久袁世凯接任中华民国临时大总统,也宣告了辛亥革命的失败。但是我们依然可以看到,三民主义是比较完整的资产阶级民主革命纲领,它表达了资产阶级在政治上和经济上的利益和要求,反映了中国人民要求民族独立和民主权利时代性的愿望。从此之后,民主共和的思想已经深入人心,民主化、共和制的主张和思想成为不可逆转的历史趋向。袁世凯复辟失败的丑剧也充分说明:独裁专制已经极端不得民心、不会成功,至少在形式上不会得到人们的支持。从此之后中国的政治道路渐趋开始融入了世界民主、平等的潮流之中,尽管这个道路是相当的漫长和曲折。

2. 军阀混战与北洋政府治下相对宽松的政治氛围

辛亥革命失败、袁世凯复辟丑剧后,此时的各种难题不仅没有解决,而且更为复杂化。全国陷入混乱,大小军阀展开了你死我活的利益争夺的混战,使得局势变得更为混乱不堪。鲁迅的小说《阿Q正传》里所描绘的"咸与维新"和"造反了""革命了"等场景,

都是深刻而真实的写照。

袁世凯死后的北洋军阀统治时期国内局势几乎陷入了无政府状态。中央政府专制集权的严重削弱使得政权四分五裂，这样的政治环境所导致的另外的一个效应就是：它也相应减轻了政治权利对于社会思潮和新文化传播的压制，所形成的宽松的政治氛围使得各种来自知识界关于文化革新与改造的探索、来自民间的改革图强以及实施民主政治的声音不绝于耳，一直持续了20余年。

19世纪末20世纪初，这段时间是中国社会民主民生思潮广泛传播，要求变革的革命形势日益成熟和各种文化思想论争也是最为热烈的时期，也是中国历史上文化最为繁荣的难得的时期之一。但是中国究竟该走改革这条路还是革命这条路，当时的改良派与革命派展开了长时间激烈的辩论。同时由于社会相对宽松，也使得各种人士不仅可以发声，甚至于还可以按照自己的意愿得以具体实施。比如新闻报界的新闻报道相对就自由多了。另外教育界的景象也是如此，比如北京大学的蔡元培、蒋梦麟、胡适，清华大学的罗家伦、梅贻琦，南开大学的张伯苓，浙江大学的竺可桢，四川大学的任鸿隽，青岛大学的杨振声，中正大学的胡先骕，等等。这些大学校长都是中国现代教育的奠基人，他们实施了一系列完全是现代化的治校方略，甚至还提出了一些资产阶级改革的激进的政治主张。他们的治校原则和方针也为抗战时期的西南联大的严谨治校和治学精神打下了良好、坚实的基础。同时，他们所倡导的社会改造和文化改革的论争和呼声也促进了国人对于传统文化和外来文化的深层次对比与反思。

但是应该清醒地认识到，相对宽松的社会气氛并非是民主社会形成的结果，而恰恰相反，是军阀混战和政治权力削弱所形成的权力真空状态下造成的自由氛围的昙花一现。而一旦封建主义抬头或者保守势力掌权，所有这一切均自然烟消云散。

（七）"五四运动"的启蒙与抗日救亡双重变奏的文化悖论："砸烂孔家店"——中国文化史上第一次全面反传统

1. "新文化运动"的文化意义

新文化运动是1919年五四运动爆发前后由胡适、鲁迅、陈独秀、李大钊、钱玄同等一些受过正规新式教育的人发起的一次"反传统、反孔教、反文言"的思想文化革新、文学革命运动。新文化运动的主要内容是围绕着"四提倡，四反对"（提倡民主，反对专制；提倡科学，反对愚昧；提倡新道德，反对旧道德；提倡新文学，反对旧文学）而进行的具体实践活动。1915年，陈独秀创办《青年杂志》（后改称《新青年》），在创刊号上发表《敬告青年》一文，正式提出了"民主和科学"的口号，大力提倡民主与科学（音译为"德先生"和"赛先生"），掀起了新文化运动。胡适和鲁迅等作家大力提倡白话文。比如胡适在《文学改良刍议》中也提出著名的"需言之有物，不模仿古人"等八大主张，使得新文化在社会生活的各个方面得到深入和细致化。1918年鲁迅发表《狂人日记》，指斥几千年的传统俱为"吃人"的、反人道的非人的旧礼法、旧道德。

新文化运动是由当时的一些激进民主主义者发动的主要是着力于开启民智，反对旧有的封建宗法制度传统和道德体系，为以后的新文化建设奠定了一定的基础。但是由于新文化运动全面反封建"一锅端"，也造成了一定程度的历史虚无主义的情绪化倾向，并使得一些杂拼的西化思想掺杂其中。而这次运动主要的历史功绩是沉重打击了绵延两千多年的封建礼教传统，使得人们受到了广泛的现代思想的熏陶与教育，开启并推动了现代科学在中国的发展，并为马克思主义在中国的传播和五四爱国运动的爆发奠定了重要的思想基础。如果这项运动持续下去，那么对于中国文化内质的重新认识与定位，以及在此基础之上重塑文化内涵的历史成就将会起到难以想象的作用。然而，所有这一切均被打断了，由此成了中国文化史上一个难以说透彻说明白的公案。打断它历史进程的就是"五四运动"。

2. "五四运动"与"救亡图存"

在1919年5月4日"五四运动"爆发的当时正值第一次世界大战刚刚结束，战局对中国的国内局势也产生了深远的影响，特别是由此而引发的"启蒙与救亡"的双重变奏，让原本就复杂的国内政治形势陡然巨变，由此而后所进行的疾风暴雨式的"救亡"运动悄然取代了"新文化运动"，社会大思潮也顺理成章地由"科学""自由""平等"等问题变为国家社会事务问题，并成为此后近百年的社会思想主流。

李泽厚在《启蒙与救亡的双重变奏》一文中说："（五四运动）以专注于文化的批判始，仍然复归到政治斗争终。启蒙的主题、科学民主的主题又一次与救亡、爱国的主题相碰撞、纠缠、同步。中国近现代历史总是这样。"[①] "绕了一个圈，从新文化运动的着重启蒙开始，又回到进行具体、激烈的政治改革中。政治，并且是彻底改造社会的革命性的政治，又成了焦点所在。"[②] 在李泽厚有关的近

---

① 李泽厚. 中国现代思想史论 [M]. 北京：生活·读书·新知三联出版社，2008：10.
② 李泽厚. 中国现代思想史论 [M]. 北京：生活·读书·新知三联出版社，2008：21.

现代思想思潮的总结里，多次表明了这样的一种认识：如果没有文化的"启蒙"来打造坚实的具有世界性的新文化以自强，积贫积弱的现象仍然很难改变，落后挨打的被动局面仍然难以逆转。其犀利、痛彻的见地给了人们深刻的印象。但是显然，其对于"救亡"与"启蒙"之间的悖论式反思理论始终并没有受到人们足够的重视，这样的现象本身就很应该值得人们更深刻地反思。

(八)"新儒家"的历史使命和"全盘西化"的理论插曲

哲学总是走在社会思潮和社会文化的前端，也是社会文化最终的根据与来源。西风东渐，西学来临，也给中国哲学带来了新的构成元素和新鲜血液。从此之后，中国哲学的内容里，大都渗入了西方哲学的主干思想。新文化运动和五四运动引发了中国思想界的剧烈变革，此后在文化、哲学界出现了多极化的情形，各种学说纷纷走向前台。其中最主要的就是"新儒家"和"西化派"的"全盘西化"论。

以冯友兰、熊十力、牟宗三和梁漱溟等为代表的"新儒家"，在新的历史时期提出了革新性继承儒家学说的理论主张。其实，这种状况在更早一些的戊戌变法时期就已经不断涌现，特别是康有为的《新学伪经考》《孔子改制考》等著作更是掀起了重新评估儒家思想的浪潮。但是，不管是此时的"新儒家"还是以后更新的儒学人士，理论思路大体还是以"道学""理学""心学"杂以"佛学"为主，甚至还有大量西学的内容来用以解释儒学学说，在儒学理论上并没有更新的发展和建树。

就以冯友兰和梁漱溟二位先生做例子来说，二人都对中国传统文化有极为精深的了解，其个人学识不仅囊括了"理学""心学"等古代哲学主体思想，而且对于"佛学"和"西学"也是很有功力的。二人的区别在于，冯友兰更侧重于以"西学"和"佛学"来协侍"理学"，后期则转向了马克思主义理论。梁氏则兼顾中学西学，博取二者之长，再以西学解释中学，倡导以孔子儒学为立世、治世的根本。其余的儒学大师们的理论学说概不出这样的思想框架。

以胡适、傅斯年、顾颉刚等为代表的"西化派"最早提出了"全盘西化"的理论主张，以天赋人权、自由平等学说为理论基础，建议以西方资本主义政治经济制度和思想文化完全代替中国传统文化。比如胡适所倡导的"争取个人自由就是争取国家自由"一类的言论，就在思想进步青年中造成了相当的影响。但是这种惊世骇俗的"无根而虚无"的论调引起了人们普遍的反对从而显得很孤立，所以此后胡适又提出了"充分世界化"作为替代品。但是这种历史虚无主义的论点始终没有赢得多少市场，距离中国的国情、文化模式背景和社会文化心理都过于遥远。不过在部分人之中还是引起了以"西学"为参考借鉴来反思和改变旧有传统文化的浓厚兴趣。

"新儒家"与"西化派"的思想对撞，其实是中国思想和文化发展史上必然要经历的一个阶段，对儒家学说的各种各样的尝试解释说明、进而补充或发展甚至是完全否定，这是一个中国自古就有的哲学传统。自从中国的近代史开始，这个传统同样也没有中断。到了近代以及民国时期直至今天，一直都在延伸和发展，但也都在为我所用。在近现代时期，中国哲学文化思想在传统的儒学、道学和佛学的基础上，掺杂西学的内容比较多，虽然有些新意，但是在实质上对于古人的观念难有根本性的超越与改变。而"西化派"部

<<< 第十一章 附加语：中国传统儒家文化在近现代的境遇

分内容承接了"体用论"的思路，主张全面引进欧美文化和社会制度以代替或者改造中国传统文化。虽然这一点与传统根基不相符，所以几乎没有实现的可能性，但是其有益的理论探索和借鉴意义仍然引起了部分人的注意。

二、有关中国传统文化在新时期再定位的探索历程

（一）新时期的文化热现象以及接续问题

每一种文化都有它的源头和文化功能，并在每一个历史时期都要对一定的社会结构起着重要的支撑作用。中国文化传统也不例外。历史和文化，总是在遵循着自己本来的逻辑内质在自然发展着。在社会主义新时期人们在议论文化功能的时候所主要做的工作有两点：第一，发现其中的奥秘和规律；第二，"制天命而用之"，尽可能高效低耗利用新学说，但又不能想当然。当然，这又是何其艰难的两难悖论问题。中国古典文化在历史长河中，既起到了维护国家和整个社会群体的扭结作用，也在相当长的时期内处于世界领先地位。但是很显然，到了近现代时期，虽然儒家文明的精华部分依然光彩依旧，成为东方耀眼的明珠，但是也有一些不合时宜的糟粕部分，对中国今日的现代化进程也有相当的、不容小觑的阻碍和负面作用。所以在崭新的历史时期，许多有志者对其间的文化内涵及其性质做了有针对性的条分缕析和梳理，以更好地促进中国今日的现代化建设。

比如就像是太平天国运动和义和团运动，就是两方面针锋相对

的文化观念的尖锐对立：太平天国运动的兴起，所打旗号为"拜上帝教"，其实也就是以与传统的儒家文化截然对立的天主教的名号发起的反抗清政府压迫的农民运动。也就是说不管是什么原因，至少在名义上反传统文化是能引发相当大的号召力的。而时隔不久广泛兴起的义和团运动则是以传统文化为背景进行的盲目排外的激进性群众运动，思想背景就是儒家根深蒂固的"夷夏之辨"观念。这也反映出底层民众对于外来新事物的接受是相当困难的、也是相当排斥的。所以这两者之间的鲜明对比可以看出，起到维护社会秩序和凝聚社会力量的传统文化，它的根基有时候是很不牢固的。而这两次大规模的农民运动也是中国自古以来，具有广泛意义的农民起义的正常延续。由此可见，无论儒学具有什么样的性质和多么重要的社会意义，但是在非常规的历史情形下，它的作用和功能是十分有限的。依然是有效度和有效性问题。

改革开放以后的新时期对于传统文化的反思加剧，在各个领域展开了大讨论，很多的争论内容还是继续延续了近现代史上的"体用论"、中学与西学优劣论的观点。各种论点和主张之间辩论激烈，进入20世纪90年代后，更广泛的文化现象是市场化、物质化和世俗化的文化内容。21世纪的中国文化界尝试有所突破，但是影响不大，而且还依然展现出文化"左派"与"右派"相对立的旧有模式。

我们注意到，从20世纪80年代初中国文化界对中国传统文化进行了几次大范围的探讨和思索。在80年代初所掀起的文化反思思潮，起因是"文革"对于文化传统进行的根本性破坏，还有就是类似于近代史上人们对于新事物的抵触和抵制一样，新时期之初的改

<<< 第十一章 附加语：中国传统儒家文化在近现代的境遇

革开放政策也受到了相当大的阻力。还有就是新时期的建设需要对中国古代文化的历史作用需要再评估和重新定位。首先突破这个禁区的是在文学领域，比如"寻根文学""反思文学"和"伤痕文学"等，进而掀起了前所未有的"文化热"和文化批判的高潮，并随之也引进了许多外国文化研究的相关成果。其后，哲学界召开了几次学术会议，对中国传统文化和哲学传统进行了深层次的剖析和研究，并取得了许多成就。其中的代表人物有冯友兰、李泽厚、任继愈、张岱年和庞朴等。其实，当时的人们所关注的文化的根本问题和焦点问题依然是中国近现代史上延续的和没有解决的中国现代化问题，也就是中国传统文化对于中国实现现代化这个目标来说，能否完成或者说在什么程度上能完成其肩负的现代化历史任务。

20世纪90年代的文化反思进入了一个相对平静期，文化理论更加平民化、市场化、世俗化，没有了激进的文化潮流。20世纪的文化理论更以学术化、理论化为基本特征，并进一步融入了世界文化大潮中。但一个不争的事实是，此后人们对于文化的关注度在不断下降，对于文化的反思力度也在减小。在80年代人们热炒的"中体西用""西体中用""会通中西古今""全盘西化"等尖锐且纷繁复杂的文化观点再也不见了，人们的见解更加稳重，也更理性化。但同时文化研究的断层现象也日趋严重，上下衔接的问题根本就没有解决。但是"国学热"却异乎寻常地兴起了，尽管至今为止对于什么才是"国学"，也并没有明确的界定。而有些文化类的研究水平甚至都不如近现代史上的梁启超、鲁迅等人所具有的水准和高度，"睁眼看世界"等命题依然接近或者停留于百十年前的时代呼唤。这种现象很值得引起重视并予以足够的思考。西方有言："知识分子是社会的良心。"有些文化反思也郑重提到:"衡量一个民族一个时期文化水平的标准恰是精英文化所达到的高度。"①

但是,新时期的文化大讨论也给以后的文化研究者留下了许多的成果和财富,对于中国传统文化的内质也做出了大体上基本一致的结论。比如中国传统文化里的基本特征和历史文化功能,诸如儒学里的"仁爱"、后世的"心学"、老庄学说等等,都是极具价值的精神宝藏。但是,我们也应该同时注意到,循着新思维来重新审视和解析儒学的历史价值和当代意义,也是十分有必要的。对其复杂性也应该引起足够的重视。否则,无论怎样反思,依然会原地踏步。比如我们回头看戊戌变法和辛亥革命的失败,其内在的必然性在于儒学的滞后性与民间亚文化系统相结合,其能量是十分巨大的。戊戌变法并没有动摇自古以来的封建君主制政治制度,也就是在一定程度上引进了一些西方式的新的现代文化制度。但是尽管如此,也难以抵御强大、历史惯性过于久远的封建文化传统势力,所以失败是必然的。所以在某种程度上说,在历史发展的动力因素上,文化有时具有决定性的作用。而辛亥革命则应和了新时代的文化潮流与时代发展方向。但是错综复杂的旧的势力和文化观念导致新事物的产生和接受也是一个漫长的历史过程。

(二)中国传统文化的源头、特征和历史功能

1. 中国古代文化起源的物质条件

古老东方的社会组织结构与自然环境和人文环境造就了中国古代社会组织结构和作为维系它的道德伦理规则,产生了中国古代社

---

① 金元浦. 中国文化概论 [M]. 北京:中国人民大学出版社,2014:254.

会意识形态中核心构件的"高度集中化"模式：社会群体的集中化、家族集中化、权力集中化、观念同一化、行为模式同一化，甚至思维方式同一化等特色及其与之相对应的社会伦理范式的凝固化，这也就是后来儒家伦理纲常结构的主要成因，也是中国上古时代高度集中的权力运作模式和相应的社会组织结构以及文化观念。

2. 思维形式

东方人的思维是以辩证式、情感式思维方式为主体。与西方科学发达的先导因素的分析性思维不同，辩证、情感式思维在于判断事物的依据首先是情感性的，这种情感及包含自然动物性情感，也包括人际关系的情感，主要是亲情，而且这种亲情还是具有亲疏有别的差别性情感，而不细究事物的内在特性以有所利用，而是正反均有理、均可成立的辩证思维方式，使得人们很容易陷于不求进取、安于现状的生存状态。

3. 中国古代社会道德结构和文化特质

21世纪的文化研究成果表明：社会形态机制、政治制度运作和社会个体等要素作为整个社会文化系统的构件和复合因素，共同决定了社会伦理体系的性质和运转模式。特别是伦理准则、道德规范更是一个社会群体最初产生的、维持社会群体稳定性的社会契约，它能充分反映一个社会系统的价值观念、意识形态的功能和性质，也决定着政治、法律制度的运转情形以及社会道德实践状况。中国古代特有的、延续了两千多年的以"国—家""父—子""夫—妻"为基本构成框架的，以"君君臣臣父父子子""亲亲尊尊"绝对等级制为核心观念的伦理系统，构成了古代社会结构组织的基本模式。其他的文化子系统皆以此为纲，由此生发开来，并且以此作为关键的扭结点，渗透中国古代各类文化现象和体系之中。在此，应该引起我们足够重视的一个问题是：结构中国古代社会的儒家观念体系，是建构在世俗社会这个基石上的。世俗社会的社会性质、人性特质——物质性、利益性、唯我性，是决定儒家伦理治世文化成功与否的关键所在。而其历史运转之结果，也一再证实这一点。当初的程朱理学和陆王心学的理论起点在正是这一点。

（三）中国传统文化在新时期的价值

从新时期开始所开启的文化热大讨论，对于中国绵延几千年的文化传统进行了充分的梳理和深刻的总结。对于中国古代传统文化的精华部分，人们也是一直都给予了共同的认可，这也是文化研究者重点研究和我们在新时代需要大力弘扬的部分。自从春秋战国时代的诸子百家的文化大讨论开始，就给我们留下了许多丰富的精神文化遗产，成为我们东方文明璀璨的明珠。

就儒家学说而言，一些重要的思想主张就是自古以来稳定社会和凝聚人心的宝藏。比如孔子的"仁义"观，"孝悌"观，"己所不欲、勿施于人"的"忠恕"观；"因材施教""温故而知新""有教无类"的教育观和学习方法。其门徒孟子的"民贵君轻"的民本主义思想和"仁政""王道"的政治主张，也是维护政治清明的思想源泉。而荀子"制天命而用之"的朴素唯物主义思想，对于我们今天利用自然、改造世界并同时维持良好的生态平衡也具有重要的启发意义。

诸子百家中，墨子"尚贤""戴行"，以及"厚德明道、敬慎固本"的道德理想也是很值得借鉴的思想宝库。老子的"治大国若烹

<<< 第十一章 附加语:中国传统儒家文化在近现代的境遇

小鲜"的治国理念,庄子追求自由的"逍遥"思想,佛教远离功利的出世思想,以及王阳明的"致良知"等学说,都是宝贵的文化财富,是古代智慧的中国人民贡献给人类的文化瑰宝。

同时,新时期以降热烈的文化探索和解读的价值还体现在对于传统文化的全方位反思。

以农耕文明为代表的中国古代封建道德文化体系,其中蕴含的糟粕性内容阻滞了新文化的历史发展,早已不适应当代新时期的形势变化,且又具有较强的惯性。正如李泽厚所言:"正是这个君主专制主义、禁欲主义、等级主义的孔子,是封建上层建筑和意识形态的人格化总符号。"[1]并且这还是一个深刻历史背景下的总体历史趋势:"秦皇、李斯行统一思想之政策于前,汉武、董仲舒行统一思想之政策于后,盖皆代表一种自然之趋势,非只推行一二人之理想也。"[2]

这些文化成果研究显示,中国上古时代产生的儒学理论对于其后的伦理思想发展走势以及对整个中国古代社会历史的影响,都是在这一线索脉络上展开和发挥作用的。但是,自从中国近代史开始的所有的不管是成功还是失败的改革或者革命进程都肯定与中国传统文化范式有关,这是毋庸置疑的。而且很显然,未来无论什么样的现代化进程也无法离开既有的文化模式。延续两千多年的儒家的等级制社会组织结构和道德实践对人们产生了极为厚重的又韧性十足的社会心理,而这样的心理惯性力是具有深厚的历史固化性状的。所以,针对复杂的历史文化积淀,必须深入反思和深刻鉴定原有的

---

[1] 李泽厚. 中国思想史论三部曲 [M]. 天津:天津社会科学院出版社,2007:11.
[2] 冯友兰. 中国哲学史 [M]. 上海:华东师范大学出版社,2000:296.

文化内核及其所产生的历史文化成因，也必须要寻找根本性的而有效的应对方式和原则，这是完全必要的，也是完全可能的。也只有这样，才可以在新形势下实现弘扬华夏历史文化精髓内核的历史任务，古老的东方文化于此方可在原有的传统文化和国学基础上，重构当代社会文化新形态、新观念，从而在更高起点上实现传统文化的现代化、国际化，进而重铸文化"中国梦"的和谐世界的目标。

三、中国传统文化在全球化的进程中的新使命

（一）全球化过程的缘起及其历史趋向

"人类文明的进步与发展史"是一个复合命题，它是以人类的心智的发达、成熟这个先决条件为主导因素的。然后就是物质财富的刺激及促进作用，正如恩格斯的犀利判断："卑劣的贪欲是文明时代从它存在的第一日起直至今日的动力……单个的个人的财富，这就是文明时代唯一的、具有决定意义的目的。"[1] 物质追求不仅是人们保证生存、享受生活必然依赖的基础和目标，其实也就是这种物质追求构成了人类社会进步的基本动力。所以，从古至今、古今中外的民族、国家之间的纷争也可以由此原理来解释，近代史上中国所面对的就是这种神秘的历史力量。这些因素也构成了人类今日的现代化文明进程，并进而推动了全球一体化经济模式和文化模式。并且可以预见，将来会更加紧密，更加完善。

作为衡量一个国家的现代化发展水平，一个重要的体现就是看它的工业化程度和经济发展水平，另外一个重要标尺就是社会文明

---

[1] 马克思恩格斯选集：第四卷[M]．北京：人民出版社，1972：173．

第十一章 附加语：中国传统儒家文化在近现代的境遇

程度。现代化的基本含义是科学技术的发展所引起社会生产方式的现代性变革，从而促进社会生产力的极大提高和经济的高速增长和充分的发达。经济的现代化是整个社会现代化的基础和动力，没有一定的经济实力，没有现代化的物质基础作为保障和先决条件，任何社会的现代化转变都是不可能的。

其次，现代化也是指人类社会在经济、社会政治制度、文化思想和社会生活等各个领域和层面所发生的深刻变化。但它是外在性的，现代化的内在性特质主要指的是"现代性"，现代性的表征是现代社会的系列特征，它主要包括以下几个方面：经济产业的工业化、科学化和市场化直至自由化，社会政治生活的民主化和法治化，思想文化的高端化和精英化，社会生活的城市化和福利化，社会资源配置的优化、公平化、高效化，等等。

但是，所有这一切现代性社会特征，都不是凭空想象能得以实现和产生的，它的最主要的基础前提是社会文化的现代化以及人们意识观念里的现代化，包括社会组织结构、道德伦理系统和人文素养的全方位的现代化，也就是这些要素必须符合"现代性"要求。没有这个要件，一切都是徒劳的、虚幻的，现代化也是不可能实现的。

作为人类文明重要成果之一的"现代化"，是近二三百年来人类历史发展的最基本主题。它依然率先发端、成熟于西方，然后就以不可阻挡之势席卷全球。迄今为止，现代化在世界范围发展出现了三次大的质变过程。而19世纪40年代发生的中英鸦片战争这个时期，也正是西方完成了始自18世纪初的"近代化"之后继续开启现代化工业文明的萌芽和开端时期，这个事件对中国的历史发展进程也产生了决定性的影响——它打破了中国长期封闭、隔离于世界的发展格局。其后，20世纪80年代中国现代化的再次启动，也正值西方以"信息化"为龙头带动"后现代"文明的第三次变革浪潮汹涌之际，造就了中国通向现代世界的新纪元，从此，中国随之踏上了崭新的现代化的路程。

（二）世界文明、现代化与文化发展史是一个自然演进和不断提高的过程

肇端于19世纪末的现代化是人类社会由传统的农业社会、农业文明向现代的工业社会、工业文明转变的过程，也是一个包罗万象的、多层次、多阶段的全方位改变和发展的历史过程，更是一种与古代社会、近代社会完全不同的心理态度、价值观念和生活方式的改变过程。它的一个重要表现形式为传统社会向现代社会的转化，包括经济、政治、文化等社会各方面不断进行现代化变革的过程。当然，这也是一个自然演进和人类理性，以及社会文化不断趋向于成熟、自我选择与改造并趋于不断完善的过程。

同时，这也是世界现代化的基础和趋向，因为现代化的基本要求就是物质财富和社会生活的大幅度丰富、提高和提供更可靠的经济保障以及更趋合理的分配。这也就要求经济上较为落后的国家通过进一步的大搞技术革命，在经济和技术上赶上世界先进水平。所以说，这个现代化过程也是经济上较为落后的国家实现工业化、进而实现信息化，并使其文化不断趋同化的进程。在这个过程中，发达、先进国家仍然会在相当一段历史时期内起到经济引领和推动作用，同时也要在精神文化上更要有包容的态度，这也是其历史责任。而中国传统文化在世界文化史上的影响力也昭示了在当代的世界大

第十一章 附加语：中国传统儒家文化在近现代的境遇

风云变幻中，依然要承担起应有的历史责任。当然，这个过程依然是复杂而又艰巨的。

中国古代儒家所设计构造的等级制梯形政治结构、社会组织形式、儒家伦理价值体系和亚细亚生产方式相结合所共同凝成的社会文化形态，曾经创造了辉煌的人类历史成就，虽然是在现代化新时期历史阶段也显示了其不适应于时代的落后性的一面，也存在历史发展的惰性力，但是其文化内蕴既有其历史存在的合理性、优越性，同时也对世界的文明进步做出了巨大奉献。在世界文化融合和现代化进程中，也拥有许多内涵丰富的精神资源和可资借鉴的历史经验。比如在社会人伦方面，儒家学说的"仁爱""仁政"以及"仁义礼智信"等理论，道家的个性解放思想，以及禅宗的精神哲学等，在构建现代性世界和谐社会的潮流中依然闪烁着理性的光辉。只是到了明清之际，伴随着封建势力和保守势力的加强而衰落，对外封闭愈加强化。中国近代史以1840年的鸦片战争为开端，一直持续到1949年新中国成立前，虽然近代中国先进人士先后进行了洋务运动、戊戌变法和辛亥革命等一系列的现代化探索之路，但现代化始终没有得以成功，而一直徘徊在世界主潮之外。因为那些蕴含在封建糟粕之中的冥顽不灵的守旧力量和思想所挟带的历史惰性力量过于沉重，所以都不足以把中国带入现代化。

而自从近代开始的文化探索，其实就是在探索中国与世界化的关系问题，也就是实施近代化与现代化的可能性问题，也是一个反思自身的文化传统内在本质的问题以及思考、摸索的过程。经济全球化、世界一体化和文化的现代性是一脉相承的：这也是"二战"后，特别是20世纪六七十年代西方率先迈出的人类文明进程极为重要的一步。现代化承接的是近代化文明成就,主要内容指的是信息化、贸易自由化和世界经济一体化及其所带来的全球经济高速增长、世界物质财富急剧增加的状态。但是现代化的前提是文化的全方位现代化,也就是说,现代化对应的是文化的"现代性",主要是人、人的观念的现代化。这是一个国家、社会和民族实现现代化或融入世界一体化潮流的基础和基本前提条件。所以也是各个国家都要着力思考的自身的文化问题与现代性的关系问题,中国也不例外。所以,对于中国传统文化的认识、思索与探讨还远远没有结束,并在一个相当长的阶段内会与世界现代化并存,也会在其中做出自己的贡献。

所以,对于中国古代文化的正反两面性必须予以充分、深刻而又十分清醒的认识,并给予足够的中西异质文化间的对比,方能做到知己知彼,完成固有文化有针对性的自我认识和自我改造的历史任务,并进而廓清其在古代社会之中的社会历史文化作用,这些对于当代新伦理的建设,促进和谐社会的建构进而实现我们这个古老东方民族前所未有的伟大的"中国梦"具有很重要的借鉴意义和现实意义。

参考文献

冯友兰. 中国哲学简史［M］. 北京：北京大学出版社，1985.

冯友兰. 中国哲学史［M］. 上海：华东师范大学出版社，2000.

牛贯杰. 重读李鸿章［M］. 北京：东方出版社，2014.

李泽厚. 中国近代思想史论［M］. 北京：生活·读书·新知三联出版社，2008.

金元浦. 中国文化概论［M］. 北京：中国人民大学出版社，2014.

张维青，高毅清. 中国文化史［M］. 济南：山东人民出版社，2002.

赵和平. 中国近现代史［M］. 北京：北京理工大学出版社，2006.

唐德刚. 从晚清到民国［M］. 北京：中国文史出版社，2015.

［英］阿拉斯代尔·麦金太尔. 伦理学简史［M］. 龚群，译. 北京：商务印书馆，2004.

秦永洲. 中国社会风俗史 [M]. 济南：山东人民出版社, 2001.

裔昭印. 世界文化史 [M]. 上海：华东师范大学出版社, 2000.

潘旭澜. 太平杂说 [M]. 天津：百花文艺出版社, 2000.

冯林. 重新认识百年中国——近代史热点问题研究与争鸣 [M]. 北京：改革出版社, 1998.

徐复观. 中国艺术精神 [M]. 上海：华东师范大学出版社, 2002.

孙隆基. 中国文化的深层结构 [M]. 桂林：广西师范大学出版社, 2004.

许烺光. 美国人与中国人——两种生活方式的比较 [M]. 北京：华夏出版社, 1989.

N